CHARLES DESMAZE

LES CRIMINELS

ET

LEURS GRÂCES

PREMIÈRE SÉRIE

Qui vive ?
Qui meurt ?

PARIS

E. DENTU, ÉDITEUR

LIBRAIRE DE LA SOCIÉTÉ DES GENS DE LETTRES

3, PLACE DE VALOIS, PALAIS-ROYAL

Monsieur & honoré
Professeur
           Je vous remercie pour
l'obligeant envoi que, sur ma
demande, vous m'avez fait de
votre travail sur le tatouage — Cette
si intéressante étude sera mise,
par moi à profit dans une prochaine
publication — Il m'eut été bien
agréable de vous saluer, à mon
récent passage, à Lyon, d'où vous
étiez absent, ainsi que mon ancien
collègue, Mr Mayrand croyez à mes
sentiments reconnaissants et dévoués
           Charles Desmons
           29 - avenue Verdun

À M. Lalessayen D.,
Professeur à la Faculté de Lyon
Hommage et souvenir de
Charles Desmaze.
5 mars 1894

LES CRIMINELS

ET

LEURS GRÂCES

OUVRAGES DE CHARLES DESMAZE

Ancien Conseiller en la Cour de Paris, Officier de la Légion d'honneur,
Membre de Sociétés savantes, Officier d'académie.

Le Parlement de Paris.
Le Châtelet de Paris.
Les Pénalités anciennes (supplices et prisons'.
Les curiosités des anciennes justices.
Des Contraventions à Londres.
L'Université de Paris.
Communes et Royauté.
La Sainte-Chapelle.
Formulaire des Magistrats.
Les Métiers de Paris.
Le Baillage du Palais-Royal.
Histoire de la Médecine légale, en France.
La Picardie.
Le Peintre de la Tour, au Musée de Saint-Quentin.
Ramus, philosophe Picard (XVIe siècle).
Les Aliénés (Proposition Gambetta et Magnin).
Le Crime et la Débauche, à Paris.
Bauchant, bibliophile Saint-Quentinois.

SOUS PRESSE :

*La Magistrature française (Les premiers Présidents de la
Cour de Paris).*

ÉDITEURS :

MARCHAL — CHARPENTIER — DENTU — LEROUX — PLON

CHARLES DESMAZE

LES CRIMINELS

ET

LEURS GRÂCES

Qui vive ?
Qui meurt ?

PREMIÈRE SÉRIE

PARIS

E. DENTU, ÉDITEUR

LIBRAIRE DE LA SOCIÉTÉ DES GENS DE LETTRES

3, PLACE DE VALOIS (PALAIS-ROYAL)

1888

*Aux victimes d'hier, d'aujourd'hui, de demain
ces pages sont dédiées, car ma pensée et mon
cœur vont en arrière, comme un étendard porté
contre le vent.*

CHARLES DESMAZE.

Bois-Colombes, 14 juillet 1887.

INTRODUCTION

Et que chacun enfin, d'un même esprit poussé,
Garde, en mourant, le poste où je l'aurai placé !
RACINE, *Athalie IV.*

La justice est administrée par la magistrature française, avec une si constante régularité que, pour trouver des différences dans les résultats généraux, il faudrait remonter au delà d'une période décennale.

La politique, dont nous subissons les effets, n'est peut-être pas étrangère à ces variations.

Tous les agents n'apportent pas la même activité.

Les gendarmes (portés de 20,385, en 1880, à 20,874 en 1885) rédigent les neuf dixièmes des procès-verbaux adressés aux parquets.

Les agents de police (portés de 12,583 à 13,751) rédigent neuf procès-verbaux, par homme.

On ne compte, au contraire, *qu'un procès-verbal, pour quatre gardes champêtres communaux,* un *pour huit maires,* un pour onze gardes particuliers.

En examinant (1) nos statistiques criminelles, on

_____

(1) *Revue Européenne* (15 novembre 1859) ; *Formulaire des magistrats* (MARCHAL et BILLARD, éditeurs, Paris).

se demande s'il ne serait pas possible de déférer à un seul magistrat la décision des délits de *rupture de ban* (3,712), *vagabondage* (6,274), *mendicité* (4,365), *diffamation et injures* (3,349)? Comme on le sait, trois de ces délits réclament, dans leur répression même et après celle-ci, une mesure administrative que le jugement prononce, sans responsabilité, sans erreur possible, sans preuve testimoniale. Quant *aux injures*, délit ordinairement commis par des femmes (1,268 sur 4,278 prévenus) souvent suivi d'acquittement (1,620) ordinairement réprimé par l'amende (2,216) et *cinq fois seulement par un emprisonnement de plus d'une année*, il n'intéresse pas profondément l'ordre public, puisqu'on en laisse la poursuite à 2,969 parties civiles. Si notre solution était admise, on enlèverait, sinon à l'instruction, au moins au moment des tribunaux correctionnels, *par an*, 19,498 prévenus sur les 229,467, c'est-à-dire près d'*un douzième*.

En France, nos maisons d'arrêt manquent d'une organisation ferme et régulière du travail.

Les détenus, confondus ensemble, passent, tout le jour, dans le préau, à *jouer au bouchon;* c'est là le passe-temps aussi des cochers, renfermés à la Conciergerie de Paris, pour y subir des peines de police simple, pour contravention.

Si, dans quelques prisons privilégiées, un directeur intelligent organise du travail, vite, un député, pour plaire aux boutiquiers de son département, porte à la tribune cette question de concurrence inégale.

Le ministre de l'intérieur répond très humblement que prochaine satisfaction sera donnée à l'honorable représentant des marchands libres.

Des ordres sont effectivement donnés pour que les détenus cessent de faire des étoupes ou de la vannerie. Le pêle-mêle des condamnés, des prévenus de tout âge, de toute condition, existe partout; les maisons cellulaires en offrent elles-mêmes des exemples.

A Paris, la prison de la Santé, aménagée pour mille détenus, en contient moyennement treize cent cinquante.

Les cellules sont plus que doublées. Le secret, parfois nécessaire en des informations compliquées, n'existe plus à cause des communications incessantes du dedans avec le dedans, et du dehors avec le dedans. .

Les détenus, pour l'extraction, pour le parloir, circulent rapidement, dans les couloirs, toujours à visage découvert.

L'instruction est à peine ouverte par le magistrat, qu'un défenseur assiste déjà l'inculpé.

Les condamnés, envoyés dans les maisons centrales, où le travail en silence a lieu en commun, n'ont qu'un désir, qu'un rêve : la transportation.

Une fois prononcée, la peine ne devrait plus être modifiée qu'après un certain laps de temps d'épreuve, dont la seule conduite du coupable pourrait diminuer la durée.

Autrefois, la moitié de la peine devait être subie, pour que la grâce descendît sur le condamné ; aujourd'hui, elle intervient arbitrairement, capricieusement, sur la demande d'un député, voulant prouver à son arrondissement, à ses électeurs, qu'il est puissant, dans l'intérêt des malfaiteurs, surtout à ménager, dans notre état social.

Le directeur des grâces, unique dispensateur des faveurs, garanties par le gouvernement, en dehors des époques fixées, décide telle ou telle commutation, sans avis, sans examen ; *sic volo, sic jubeo*.....

Au reste, on se rappelle que, sous l'Empire, Napoléon III (dont la bonté dépassait la science juridique), gracia, *avant l'expiration des délais d'appel*, M. le comte de Montalembert, condamné, en police correctionnelle, pour délit de presse.

M. de Montalembert refusa le bienfait, émanant de l'Empereur ; il se fit assister de nouveau dans cette, lutte mémorable, par l'éloquence de Berryer, à qui répondit son ancien confrère Chaix-d'Est-Ange, devenu procureur général, près la Cour de Paris.

M. Perrot de Chezelles présidait la chambre des appels de police correctionnelle, où s'agitèrent, avec bruit, les passions politiques, ce jour-là déchaînées.

En première instance, M. Cordoën, procureur impérial, dérogeant aux habitudes silencieuses de ses prédécesseurs, avait cru devoir, en personne, soutenir la prévention.

Villemain était venu s'asseoir auprès de son confrère de l'Académie française, en cette enceinte, moins calme que celle de l'Institut.

Depuis vingt-trois ans, la sage Belgique a édifié la prison cellulaire de Louvain, contenant mille cellules, visitées, chaque jour, par les membres d'une commission civile, inspectant tout, recueillant toutes les plaintes.

De ces alvéoles occupées, haletantes, d'une ruche incessamment en action, sort par les ouvertures le bruit continu d'ateliers laborieux. La santé de tous est parfaite; il n'y a là ni suicides, ni folie, aucun de ces faits que l'observation suffit à empêcher ou à combattre. (*Voir le rapport de M. le docteur Lagneau à l'Académie de médecine de Paris et l'étude de M. Dalsème.*)

Une cagoule couvre constamment le visage des détenus; les yeux ne permettent pas de reconnaître les parents mêmes, dont la voix (1) est même altérée, dissimulée, quand elle se produit, sous l'étoffe,

---

(1) *La science pénitentiaire au Congrès* de Stockolm.
La Suède, ses *progrès sociaux et ses institutions pénitentiaires*, par le regretté ALMQUIST, directeur général des prisons de Suède, membre de la Chambre haute de la Diète (1878). *Des peines et des prisons* par le roi de Suède, Oscar Ier.
La Belgique exceptée, il n'est pas de pays, où le régime cellulaire ait obtenu la même direction, la même unité qu'en Suède.

pendant le travail commun, dans la boulangerie, par exemple.

Le droit de grâce, ce privilège régalien, dont les cahiers des états généraux demandaient déjà, sinon la suppression, l'abolition, du moins la réglementation, est inhérent à la pleine puissance, à la souveraineté seule. Il s'exerce, dans les monarchies, par le Roi, l'Empereur, par les ministres, placés au-dessus de tous.

Dans les États-Unis d'Amérique, Washington et ses collaborateurs ont sagement voulu rendre la magistrature inamovible, indépendante, pour assurer partout la défense des citoyens et les droits de tous, afin qu'elle pût même briser les décisions illégales du Congrès, s'il en était.

Dans les États d'Europe, la répression (en dehors des faits politiques) est ferme, surtout en Angleterre, en Allemagne, en Italie, en Autriche, en France même; le Portugal est, par son climat, préservé des crimes.

La peine de mort est souvent prononcée, rarement exécutée.

La reine Victoria laisse à la justice de ses États son libre cours.

M. Jules Grévy, qui ne peut correspondre avec les souverains, sans l'intermédiaire des ministres, n'est pas tenu, en matière de grâce, si importante cependant, de prendre, pour s'y conformer, l'avis du conseil.

L'Empereur de Russie, envoie dans ses Sibéries, pour le travail mortel des mines de mercure, les condamnés.

Dans le voisinage de ces ateliers, rigoureusement surveillés, les paysans laissent, pendant la nuit, au rebord des fenêtres, du pain et du lait, pour les fugitifs, qui pourraient, s'il en est? me disait le gouverneur général Mourawiew, échapper à leurs gardiens.

L'Amérique, suivant l'exemple tracé par l'impératrice Marie-Thérèse qui, dès 1775, à Gand, avait déjà édifié une prison, où les condamnés travaillant ensemble de jour, étaient séparés pendant la nuit, a adopté le système d'Auburn.

Les dépenses sont bien moins élevées que dans le régime cellulaire, où chaque cellule ressort, en moyenne, à 5,000 francs.

Les dépenses des prisons du continent sont (à la charge de l'État) de 59 centimes par détenu, de 61 centimes, dans les maisons adjugées à un entrepreneur.

A Saint-Martin-de-Ré, où les condamnés attendent leur transportation, chacun d'eux coûte 1 fr. 45 par jour.

Les jeunes détenus coûtent, en France, à l'État, 1 fr. 29 en Algérie, 1 fr. 29.

---

(1) Voir les comptes de la justice criminelle et leurs chiffres, si éloquents.

Chaque détenu, en France, coûte 97 centimes; en Algérie, 83 centimes.

Il y a là, on le voit, une dépense trop élevée, que le travail, sérieusement organisé, devrait vite atténuer et amoindrir, en de larges proportions.

Au lieu d'envoyer, après une portion de la peine, subie d'abord, dans les maisons centrales, sous un ferme régime, les condamnés, dans des ateliers, si nécessaires, en Corse ou en Algérie, on les relègue à la Nouvelle-Calédonie.

Là, ils retrouvent le climat de Paris, sa liberté, ses habitudes d'oisiveté; ils sont pharmaciens, domestiques surtout des fonctionnaires.

Plus de travail, plus de discipline, plus d'entraves ; aussi quelle amélioration est-elle à espérer d'un pareil et si coûteux régime, inspiré, par une philanthropie, que ne rencontrent ni les soldats, ni les ouvriers honnêtes ?

Au début, on avait même cru devoir attacher un professeur de droit à ces établissements, sans voir que tous ces individus s'étaient, par leurs antécédents, volontairement placés hors la loi.

. Si des esprits naïfs s'étonnent des étranges dispositions législatives, qui démolissent (1), sans étude préalable, le puissant édifice de nos codes, il suffit, pour leur répondre, de montrer quels sont les mi-

---

(1) *Les Nouveaux Principes du Code d'instruction criminelle,* par AD. GUILLOT (Paris, LAROZE, éditeur).

mistres, les députés, qui, pendant le cours des rapides
ssessions, se consacrent à ces besognes.

Les séances sont employées à des interpellations
œiseuses, sur une expulsion, prononcée en vertu de
lla loi, sur l'internement d'un malade dans une
ımaison de santé.

Le Conseil municipal de Paris fonctionne sur le
ımême terrain que la Chambre des députés ; il mande
ãà sa barre le préfet de la Seine, le préfet de police,
ëémet des délibérations politiques, sur des sujets qui
ıne sont pas de son ressort, et dépense nos millions
ddans un gaspillage, dont nul pouvoir n'ose refréner
lles excès.

Pendant ce temps, l'armée demeure muette ; elle
œst cependant la force suprème qui, au dehors comme
aau dedans, dira la parole attendue et écoutée.

Les mœurs, les habitudes (1), les préoccupations
ddl'un pays, se reflètent surtout dans sa législation
ãà tous les degrés.

Ainsi, en Angleterre, une vigilante surveillance
ddle la police s'exerce, *de jour et de nuit*, à bord de
ttous les navires (*ceux de la marine royale exceptés*)
eet y arrête tous les individus suspects, voleurs ou
rrecéleurs de colis, de liquides contenus en des
ttonneaux.

Les crimes tentés ou consommés, avec des subs-

(1) *Des contraventions à Londres* (Michel LÉVY, éditeur, Paris,
11880.)

tances explosibles et destructives, sont punis de la peine capitale (acte 9 et 10 de Victoria, 26 juin 1846, Guillaume IV et Georges IV). Les inculpés peuvent être, *sans mandat d'arrêt*, saisis et mis en prison.

Le conseil privé ou le secrétaire d'État peut faire renfermer les personnes *paraissant aliénées* (1) et, comme telles, s'efforçant d'obtenir une audience de S. M. la Reine. Ces individus, après que leur folie aura été étudiée et reconnue par les médecins, seront envoyés dans une asile d'aliénés. Là aussi seront transférés les détenus devenus fous pendant leur captivité ; ils seront, après guérison et sur l'ordonnance du secrétaire d'État, réintégrés en prison (acte 2, Victoria, chap. XIV, 9 mars 1838, abrogeant l'acte 39 de Georges III).

Les vols de chiens sont sévèrement punis ; l'exposition des gravures obscènes est réprimée aussi par des lois toujours en vigueur.

En Angleterre (dont on invoque l'exemple avec d'autant plus d'assurance qu'on en ignore plus profondément les usages), la liberté individuelle n'est guère respectée.

A Londres (dont la population n'est inférieure que d'un tiers à celle du département de la Seine), la

---

(1) La loi de 1838 sur les aliénés a donné d'excellents résultats, et les modifications proposées, par Gambetta et Magnin (1870), n'ont pas abouti.

Il suffit de faire inspecter périodiquement les asiles par des médecins et des magistrats.

police arrête, en moyenne, par an, *soixante-dix-neuf mille individus*.

La liberté, sous caution, peut être accordée, par le magistrat, mais elle n'est ni souvent demandée, ni souvent même obtenue, en matière criminelle.

On comprend que personne ne s'empresse de compromettre son argent ou sa personne, dans l'intérêt d'un prévenu, sur lequel la main de la magistrature s'est posée et que le jury va, d'ailleurs, rapidement examiner.

La contrainte par corps est rigoureusement aussi exercée, pendant un certain temps, pour recouvrement ou réparation des frais de justice, avancés, en certains cas, par la caisse des comtés, pour leurs délinquants.

En France, les magistrats touchent un traitement qui (suivant la fonction ou la résidence), varie de 1,800 à 30,000 francs.

En Angleterre, au contraire, les magistrats, *très peu nombreux*, jugeant *seuls* (excepté au criminel, avec l'assistance du jury), ont des traitements très élevés.

Les juges de police touchent 25,000 francs *par an*, les juges des county-courts, 30,000; le président de la *Court of Queen's bench* 200,000 francs, le président of common Pleats, 175,000 francs; le *master of the rolls*, 200,000 francs; le lord Chancelier, 250,000 francs.

On comprend, dès lors, que l'unique ambition des avocats anglais soit de devenir, le plus tôt possible, juges, tandis qu'en France la magistrature n'abrite que des avocats arrivés à leur déclin ou devenus aphones.

Il convient toutefois de faire exception pour les procureurs généraux d'Amiens, Melcot, de Dijon, Fochier, de Grenoble, Duboin, de Nîmes, Candelhé-Beyle, de Montpellier, Bernard, Moras, de Bastia, Alphandéry, de Bordeaux, Michel Jaffard, de Rennes.

D'autres n'ont jamais parlé et ont cependant obtenu de l'avancement, se contentant de requérir l'installation de nouveaux collègues, ou l'entérinement de lettres de grâces, dans les audiences solennelles!

Ces administrateurs muets sont devenus les chefs d'une école, qui compte des chefs et des adeptes, avec garantie du gouvernement.

La justice tourne cependant : *E pur si muove !*

M. l'avocat général Gastambide (1), dans son discours prononcé, en 1846, devant la cour royale de

(1) Notice sur la vie et les œuvres du président Gastambide. (MARCHAL et BILLARD, éditeurs, 1881).

M. Adrien Gastambide, après avoir, avec éclat, parcouru les étapes de la magistrature, est mort président de la chambre civile à la Cour de cassation.

Il avait été chargé, par l'empereur Napoléon III, d'une mission en Algérie et il porta, dans cette étude, si importante pour notre colonie, les lumières de son savoir et de son autorité.

Ses fils (dont l'un a appartenu au Conseil d'État et à la magistrature parisienne) continuent dignement le nom si honoré de leur père, regretté encore dans les postes qu'il a occupés à Mantes, Senlis, Laon, Caen, Amiens, Toulouse et Paris.

Caen, sur *l'application des circonstances atténuantes*, exprimait cette vérité que cette réforme avait, par son mode relâché d'exécution, dépassé le but et énervé la répression.

Le droit de graduer la peine, comme celui de l'exécuter, devrait rester réservé au législateur.

Le principe même de la peine de mort, clef de voûte des sociétés, ne pouvait être incessamment remise en question devant les *douze jurés du jugement*.

Pour couper court à bien des abus, il serait urgent de décider que la situation de député ou de sénateur est incompatible avec toute autre position rétribuée, salariée, ou patentée.

C'est là une dignité si haute, qu'elle ne peut être abaissée par aucun contact pécuniaire.

A Paris (où certes les candidats au conseil municipal brillent, dans chaque arrondissement, au moins par le nombre), il est question d'allouer, aux élus en fonctions, une indemnité pour frais de déplacement.

On dit que, dans certaines localités, qui n'ont même pas l'excuse de la population, le maire touche, sous divers titres, des frais de gestion, sinon d'administration.

La France n'est plus assez riche pour payer toutes ces gloires agitées et encombrantes. Le déficit, toujours croissant du budget, n'inquiète nullement nos législateurs, qui trouvent que les chiffres révèlent ce qu'on leur fait dire. A la fin de la session, l'on n'a jamais le temps d'examiner de près, on vote de confiance.

Au dernier banquet du lord-maire, à Londres, le marquis de Salisbury, ministre des affaires étrangères, après avoir proclamé que la devise des diplomates est celle des rois d'Égypte : le silence, a dit que la Chambre des communes est atteinte d'une maladie chronique, dont les résultats sont la longueur inutile des discours et la négligence stérile apportée aux travaux utiles. Ce mal est-il limité seulement à la Grande-Bretagne? Dieu le veuille.

Autoritaire avant tout, M. de Bismarck considère les libéraux de toute nuance comme les ennemis du pouvoir et, à la Diète de 1847, n'ayant devant lui que des libéraux de la nuance la plus modérée, il les traitait comme des ennemis du Roi et de la patrie. Il multiplia, pour les annuler par leur fréquence même, les assemblées législatives, toujours divisées. Comme contrepoids au débordement parlementaire, il oppose l'armée, institution organique et permanente, centralisée entre les mains du souverain, dont l'effectif, en temps de paix et de guerre, est en dehors de l'action parlementaire, en même temps que son budget.

L'armée est la plus privilégiée, par suite, la plus puissante des institutions de l'État, en dehors même de la Constitution allemande.

Le Prussien agit, nous parlons (1).

La discussion de la loi sur notre armée se traîne péniblement, ses orateurs sont, pour la plupart, des hommes qui, profitant d'exemptions, n'ont pas passé par le régiment, dont ils ignorent les devoirs et les fonctions. Leur préoccupation unique est de disserter dans le vide, afin d'être agréables à leurs électeurs, avides de paix et de tranquillité, pour le commerce. Ne serait-il pas bon de laisser la tribune *à ceux qui parlent* et de renvoyer *les discours écrits* aux journaux périodiques, publiés dans le département, qui a envoyé le sénateur ou le député ?

Ce serait là une publicité efficace et bien suffisante.

(1) Edouard Simon, *Histoire du Prince de Bismarck.*

CHAPITRE PREMIER

État de Paris.

Ah! qui donc frappe ainsi dans l'humaine nature
Et quel faucheur aveugle, affamé de pâture,
Sur les meilleurs de nous ose porter la main?

(ALFRED DE MUSSET.)

Quel que soit le gouvernement établi, il serait sans cesse exposé à des atteintes mortelles, si l'on ne veillait pas à sa conservation; conséquemment une bonne police est devenue l'auxiliaire de tout pouvoir constitué, et sa mission lui impose le devoir de pénétrer, de paralyser les projets qui peuvent mettre en péril l'existence de cette société, dont elle-même fait partie.

(GISQUET, *Mémoires*.)

L'existence de la société, la sécurité des villes, des villages, des hameaux, réside entièrement, dans le fonctionnement vigilant, ferme, assuré, de la magistrature et de la police.

Leurs utiles auxiliaires sont, à Paris, les gardes municipaux, les gardiens de la paix et, en province, disséminés sur tous les points du territoire, les gendarmes, dont on ne peut discuter la fermeté, le dévouement à toutes les heures.

1

Balzac a dit, avec une vérité que les événements n'ont pu ébranler : aucune puissance humaine, ni roi, ni garde des sceaux, ni premier ministre ne peut empiéter sur le pouvoir d'un juge d'instruction. Rien ne l'arrête, rien ne lui commande. Cette consolante et ferme appréciation, émanant d'un profond observateur de la nature humaine (1), doit être précieusement retenue par les justiciables, par tous ceux qui ont à se plaindre (2).

Plus que jamais, en tous pays, les graves questions de criminalité, de pénalité, sont à l'ordre du jour (3). Les délits vont croissant chaque jour, et la statistique impitoyable révèle l'étendue du mal, les caractères, les dangers.

L'anthropologie recherche la liaison du penchant aux crimes, avec certains caractères corporels, transmis par hérédité. La pathologie réédifie, sur de nouvelles bases, la théorie de la responsabilité pénale.

Les objets qui excitent la convoitise, à l'étalage des boutiques des grands magasins, augmentent en nombre et en éclat.

Pour les acquérir, on ne recule ni devant le vol, ni devant l'escroquerie, ni devant le faux, ni devant l'assassinat, ni devant le parricide même !

(1) *Grandeurs et misères des courtisanes* (Lévy éditeur).
(2) *La Criminalité comparée*, par G. Tarde (Félix Alcan, éditeur).
(3) Lombroso, *Uomo delinquente*.

En même temps, et par une étrange anomalie, en face des crimes, augmentant toujours, les prisons, ouvertes à l'oisiveté, au bien-être, ont été partout améliorées, chauffées. Les juges, devenant plus indulgents, ont proclamé, avec le jury, les circonstances atténuantes, pour les crimes les plus atroces. Les profits ont augmenté, en diminuant les risques. En même temps, la révolution sociale a augmenté le nombre des déclassés, des agités, préparés au crime.

La criminalité monte, et toujours la grâce descend aveuglément, ainsi qu'une excitation permanente au mal et un encouragement officiel à l'assassinat.

Notre époque voit rouge, comme les taureaux affolés, dans les arènes de la Provence ou de l'Espagne (1). Cette couleur de sang, destinée peut-être aussi à exciter *les mâles*, comme on dit maintenant, est adoptée par les femmes aux toilettes tapageuses.

Les assassinats ont monté de 198 à 216, et les meurtres de 143 à 186.

L'abaissement est dû, surtout pour la diminution des vols qualifiés, tombés de 1,164 à 1,105, à la correctionnalisation de ces vols.

Depuis quelques années, l'habitude s'est intro-

(1) Théophile GAUTIER, *Voyage en Espagne.*

duite de faire passer au petit criminel quantité de
causes qui jadis eussent été déférées au grand ; le
Trésor y gagne de réaliser de fortes économies sur
les frais de procédure, et l'accusé y trouve l'avantage d'une justice plus expéditive et d'une peine
moindre, quoique plus certaine.

Cette correctionnalisation, qui présente la diminution des crimes, explique, par la même raison,
l'accroissement des délits. De 1876 à 1880, on cal-
culait une moyenne de 167,000 ; le chiffre s'est
élevé à 181,000 de 1881 à 1886. Une autre cause
de cette augmentation, c'est le développement de la
mendicité et du vagabondage, amené par la crise
agricole et industrielle que nous traversons.

Les jurys ont généralement l'âme plus tendre que
les magistrats. Ils acquittent dans 24 cas sur 100 ;
74 fois sur 100 ils accordent des circonstances atténuantes. Pour les délits, la proportion des acquittements n'est que de 6 0/0 et celle des circonstances atténuantes de 62. C'est pour le vagabondage
et la mendicité que les juges se montrent, d'ordinaire,
le moins sévères ; ils accordent les circonstances atténuantes 99 fois sur 100 pour le premier genre de
délit et 93 fois sur 100 pour le second. Mais voici la
contre-partie. Par cela même qu'ils obéissent à leur
cœur, les jurys sont généralement sévères aux récidivistes. Ils considèrent moins la criminalité de
l'acte que la perversité du prévenu. Les magistrats,

au contraire, ne se laissent guère guider que par des considérations juridiques ; ils appliquent la loi, non à tel individu, mais à tel fait.

M. Jules Léveillé, l'éminent professeur de droit, à Paris, propose une fréquente application de la peine de mort. Il trouve que M. Grévy gracie trop, et il estime que la Chambre des députés, en refusant de prendre le projet Frébault en considération, a montré clairement qu'elle était du même avis.

La France républicaine ne reconnaît plus, dans ses lois mobiles, le mariage perpétuel. Tout chez nous est provisoire, la société, la justice, la famille, le gouvernement. La morale elle-même est proclamée indépendante de Dieu, facultative à chacun de nous. L'usage que l'on a fait du divorce, suivant la formule du chimiste Naquet, varie d'après les régions. La proportion des divorces, prononcés en 1886, a été, par rapport aux mariages célébrés, de 14 pour 1,000. Le département de l'Aube présente plus de 5 0/0, la Seine vient avec 44 pour 1,000, tandis que la proportion (dans la catholique Bretagne) est de 1 0/0 dans le Finistère et de 7 pour 1,000 seulement dans les Côtes-du-Nord.

Dans tous les pays, la morale s'adapte aux mœurs (1).

(1) VOLNEY, *commissaire en Corse* (1791).

MIOT DE MELITO, *Rapport sur sa mission de pacificateur* (1797-1801).

Les administrateurs, les magistrats étrangers au pays, restés

En Corse, par exemple, la justice ne se rend pas ; 130 assassinats y ont été commis depuis deux ans.

L'institution du jury n'a aucun moyen pour punir les crimes ; les jurés acquittent toujours, par sympathie, s'ils sont de la même famille, du même parti, du même village que l'accusé. Par peur aussi, dans la crainte de représailles, tardives peut-être, mais certaines, de la part de l'accusé ou de ses parents, s'ils sont du parti contraire.

Les élections se font là en armes. La campagne est inhabitable, faute de sécurité. Les paysans portent leur fusil, même en labourant, même en regardant travailler leurs femmes et les Luquois, qu'ils emploient aux pénibles besognes de la culture.

Paris est devenu une vaste et sanglante arène, où sont hardiment descendus les Prévot, les Abadie, les Gilles, les Barré et Lebiez, les Gamahut, les Campi, Marchandon, Pranzini, ces honteuses célébrités du monde qui tue.

L'autorité, sans résolution, sans direction, reste effrayée.

M. Taylor, chargé du service de la sûreté (ce qui n'est pas synonyme de sécurité), lance ses rares

plus italien et africain encore que français, n'y séjournent pas assez longtemps, pour modifier la situation. Affaire des frères Léandri, prévenus d'excitation a la guerre civile, acquittés sur la plaidoirie de Mᵉ Georges Lachaud, digne héritier de son père. (Assises de la Corse, août 1887.)

agents, mal payés, dans toutes les directions, sur toutes les pistes, sans résultat. A qui la faute ?

La police municipale absorbe tous les subsides, tous les sergents de ville consacrés à la voie publique, aux courses (*paris mutuels et autres*), ainsi qu'aux errements de Mlle de Sombreuil (1), devenue un danger pour les législateurs, égarés dans les Bouches-du-Rhône, en Seine-et-Oise (*aller et retour gratuit*) (2).

Un auteur a dit : « Je crois qu'il n'y a ville au monde, si consommée en saletés et ordures, comme est Paris (3) ; aussi, à juste titre, l'a-t-on appelée en latin *Lutetia*, *à luto* (*boue*), vu qu'il n'y rien de plus dissolu, en luxure, par tout l'univers et surtout par la détestable conversation des femmes. »

Il nous semble intéressant de recueillir ici, sur la situation créée à Paris, par l'ingérence du conseil

---

(1) Cette demoiselle a été une question moins compliquée que la question romaine mais aussi brûlante ; pour elle on a été jusqu'à réveiller un préfet endormi, afin de laisser, pour une nuit au moins, un arrêté d'expulsion sans exécution. On demande les noms des puissants protecteurs ?

(2) Tableau historique des ruses et subtilités des femmes, où sont représentées leurs mœurs humaines, tyrannies, cruautés, le tout confirmé par histoires arrivées en France, de notre temps, par L. S. S. (Paris, Rollet-Boutonné, 1623, in-18°).

(3) C'était aussi l'opinion exprimée dans les lettres d'une jeune miss américaine, qui trouvait que les Parisiens ne cachent pas assez leurs vices, mais en font parade.

Pour elle, péché caché était tout à fait pardonné, naïve enfant !

municipal, l'opinion d'un député qui était procureur
de la République à Lyon, après le 4 septembre 1870,
avec M. le Royer comme chef, et qui est ensuite devenu préfet de police.

Devant ses électeurs il a tenu à expliquer ses
actes, comme député et comme préfet de police.

Comme député, il dit avoir été en constante com-
munauté d'idées avec ses électeurs, sur les lois libé-
rales, notamment sur la loi d'amnistie et la loi sur
la presse.

Questionné sur le conflit survenu entre lui et le
conseil municipal de Paris, M. Andrieux s'exprime
ainsi (1) :

« Vous savez, par les journaux, les difficultés
rencontrées par le préfet de police, auprès du conseil
municipal de Paris. Je ne parlerai de cette grande
assemblée qu'avec la plus grande réserve et le plus
grand respect. Pourtant je suis obligé de dire que le
conseil municipal de Paris recherche l'autonomie
de la ville de Paris, ce qui est son affranchissement
de toute influence gouvernementale. Le conseil
croit avoir le droit de mettre la main sur la préfecture de police, pour confier à une commission
municipale la police de Paris.

(1) Discours de M. Andrieux à Lyon (20 avril 1881). Nous
avons tenu à rappeler ces paroles d'un député qui a été successivement procureur de la République à Lyon (4 septembre 1870,
M. Le Royer étant procureur général), puis préfet de police, chargé
d'exécuter l'expulsion des religieux.

« Il ne faut pas confondre Paris avec une autre commune ; c'est de là que sont partis tous les mouvements révolutionnaires, toute l'influence prépondérante dans les grandes crises de notre histoire. On a dit : Qui a Paris, a la France ; c'est vrai.

« Or, ceci établi, le conseil municipal de Paris émancipé, maître de la situation, il n'est pas nécessaire de nommer des députés, car la représentation nationale serait illusoire, étant à la discrétion du conseil. Quand nous combattons ces tendances, c'est vous que nous défendons, car nous sauvegardons l'indépendance de vos élus. Nous voulons le gouvernement du pays par le pays, nous ne voulons pas le gouvernement du pays par la Commune de Paris.

« Ce que j'ai dit, je l'ai dit aux Chambres, et, en le disant, je défendais le droit de la nation et les intérêts de la démocratie. Aussi ce langage a-t-il touché le Parlement, qui a rejeté, à une immense majorité, le vote de blâme demandé contre moi. »

M. Andrieux déclare qu'il ignore si ce conflit durera ; mais, quoi qu'il arrive, on ne dira pas qu'il y ait eu, de sa part, une parole blessante pour cette importante assemblée. Il se prépare à déposer le budget du service de la police. On prétend que le conseil a l'intention de ne pas le voter. L'orateur ne sait ce qu'il y a de fondé dans cette assertion, et ne veut pas le chercher ; mais, si cela arrivait, il sommerait le gouvernement d'avoir à déclarer avec qui il entend gouverner.

M. Andrieux répondant à ceux qui lui demandent s'il pense pouvoir conserver le poste de préfet de police, en face des attaques passionnées dont il est l'objet, même de la part des journaux républicains, déclare qu'il restera à son poste tant qu'il aura l'appui du gouvernement et la confiance de la Chambre?

Les temps sont bien changés, depuis un siècle.

« Croyez-vous, disait Napoléon Bonaparte (en juin 1797, dans les jardins de Montebello, devant Miot de Melito, un diplomate, devant Melzi, un étranger), que ce soit pour faire la grandeur des avocats du Directoire, des Carnot, des Barras, que je triomphe en Italie?

« Croyez-vous aussi que ce soit pour fonder une République? Quelle idée! Une République de trente millions d'hommes! Avec vos mœurs, vos vices, où en est la possibilité?

« C'est une chimère dont les Français sont engoués, mais qui passera avec d'autres.

« Il leur faut de la gloire, les satisfactions de la vanité (1); mais la liberté, ils n'y entendent rien.

« Voyez l'armée, les succès que nous venons de remporter, nos triomphes ont déjà rendu le soldat français à son véritable caractère.

(1) Miot de Melito.

« Je fais tout pour lui. Que le Directoire s'avise de vouloir m'ôter le commandement, et il verra s'il est le maître (1).

« Il faut à la nation un chef illustre par la gloire, et non par des théories, des phrases, des discours, des dialogues, auquel le peuple n'entend rien (2). »

L'empereur Napoléon Ier, disait à de Pradt (novembre 1811) : « Dans cinq ans, je serai le maître du monde.

« Paris ira jusqu'à Saint-Cloud ; faire de Paris la capitale physique de l'Europe est, je l'avoue, un de mes rêves perpétuels. Je voudrais qu'elle devînt une ville de deux, trois, quatre millions d'habitants, quelque chose de fabuleux, de colossal, d'inconnu jusqu'à nos jours et dont les établissements publics eussent répondu à la population. Archimède proposait de soulever le monde si on lui laissait poser son levier ; pour moi, je l'eusse changé partout où on m'eût laissé poser mon énergie, ma persévérance, mes budgets. » (*Correspondance de Napoléon Ier*. — *Mémoires et Mémorial de Sainte-Hélène*. — D'Haussonville. *L'Église Romaine et le*

(1) Taine. *Étude sur Napoléon Bonaparte*. (*Revue des Deux-Mondes*.)

(2) *Napoléon Bonaparte*, par M. le général Iung, chef du cabinet de M. Ernest Boulanger, ministre de la guerre (1887).
Courte histoire de Napoléon Ier, par Lesly. (Armand Colin, éditeur.)

premier Empire. — VILLEMAIN, *Souvenirs contem-
porains.* — MIOT DE MELITO, *Mme de Rémusat.*

Le crime occupe et soutient, en France, l'attention
générale. On le crie dans les rues, on le met en action sur la scène, on le traduit en images coloriées.
Le rébus du jour se pose, chaque matin, au public
d'abord, à la police ensuite, plus tard à la justice
tardive.

Les cours d'assises, dont les premières sont toujours fort courues, donnent des leçons gratuites
d'assassinat, d'empoisonnement, d'avortement et de
folie.

Les tribunaux, pour être accessibles à tous les
goûts, sont devenus *comiques* sous la plume de
leur historiographe Jules Moineaux.

Lors du pillage de l'hôtel de Mme Madeleine Lemaire, Duval, la Panthère des Batignolles, a dit
qu'il opérait par ce coup de main une reprise personnelle. Un concours d'assassinat en chambre est
ouvert pour la jeunesse des deux prostitutions.

L'œuvre de la justice est, par suite des indis-
crétions de la presse, incessamment entravée, sous
prétexte d'éclairer, de contrôler les magistrats.

Gaboriau a fait école et, dans toutes les informations suivies, à peine commencées, se produisent
des auxiliaires volontaires, qui offrent souvent plus
de bonne volonté que d'intelligence pratique.

L'amour de la publicité entraîne, parce qu'il est

dans l'air vicié où nous vivons et où nous nous complaisons même à demeurer.

Chacun se plaît à écrire ses mémoires, vrais ou faux, et jusqu'à mon valet se met dans la gazette. Sainte-Beuve lui-même, ce fin érudit, ce savant écrivain, et de Vielcastel trahissent, par des révélations, du reste inoffensives, les maisons hospitalières où ils ont été reçus, nourris si largement, si longtemps !

La presse, cette puissance, a photographié le dehors et le dedans de ces enfers, où il faut laisser tout espoir de trouver, en entrant ou en sortant, l'objet rêvé, plaisant ou même ayant cessé de plaire.

On n'ose plus ni prévenir, ni réprimer, parce que l'autorité cherche et trouve la popularité, cette gloire en gros sous.

Les lupanars, près des facultés, près des écoles, des collèges, près des asiles, près des crèches, y prospèrent.

Cave canem, devrait-on inscrire partout ; oui, que l'acheteur prenne garde (*devise anglaise*).

La plante humaine, plus négligée que l'élevage des bestiaux, est, pour les parents, moins lucrative.

On tolère, avec bonté, des établissements où vivent des souteneurs, d'où ils surveillent les filles, leurs *marmites*, qui, sans trêve, travaillent pour eux.

Ils sont une puissance organisée, contre laquelle on n'ose rien tenter ; ne sont-ils pas électeurs... influents? Pour les combattre, personne n'ose se mettre en avant; on n'a pas d'ordres, et personne n'est à son poste.

A notre époque, tourmentée de tant de crimes épouvantables, de tant de massacres, toujours inconnus, souvent impunis, la société est constamment non pas sur le qui-vive, mais sur le qui-meurt.

Des imageries (1), étalées partout, à toutes les vitrines, représentent, dans leurs réalistes gravures, les victimes des assassins, avec les têtes hideusement convulsionnées, les yeux hagards, les doigts crispés, le col avec les blessures béantes, les chairs décollées, pantelantes.

Au verso de la livraison, l'on voit le portrait du meurtrier, avant le crime, portant toute sa barbe; après le crime, avec ses favoris seulement; plus tard enfin, avec de grandes moustaches.

Il est vêtu d'un complet et coiffé d'un chapeau de voyage pour prendre le *train-éclair* qui, en quelques heures, va le transporter bien loin du théâtre du crime, dont on a soigneusement, pour le jury, relevé le plan à consulter.

On aura de la peine, en France, à s'accoutumer

---

(1) Les assassins de Mme Chabussière, rue de Clichy, répondirent au président, indigné de voir des jeunes gens avoir combiné à deux un pareil crime, qu'ils avaient suivi, de point en point, le mode d'exécution décrit dans un roman trouvé en leur possession.

au grand jour de la publicité ; chose étrange, cette patrie de la fatuité est aussi le pays des cachotteries et des faux mystères. On veut briller, mais à condition de ne pas éclairer. O problème ! Chacun rêve la célébrité et tout le monde craint la publicité. Expliquez cette inconséquence ; cependant l'une est sœur de l'autre, il faut, tôt ou tard, qu'elles se rejoignent malgré vous, il faut s'habituer à leur alliance et comprendre que c'est sottement qu'on s'alarme, car enfin l'on ne parle au public que de ce qui l'intéresse. Dormez en paix vous, violettes révoltées, on n'en veut pas à votre repos ; vous aimez l'ombre et l'ombre vous le rend. Dormez en paix, mariez-vous, trompez vos femmes, vos associés, vos clients, vos amis, soyez tranquilles, l'univers ne le saura jamais (Mme Delphine de GIRARDIN).

La presse entière s'est émue à l'idée qu'elle avait pu être soupçonnée (1), comme la femme de César.

On l'avait accusée de chantage, il fallait trouver les coupables, pour les expulser d'une corporation immaculée, où leur présence faisait tache.

Le syndicat a commencé une enquête, dans laquelle il a interpellé le préfet de police et le procureur général qui, nécessairement, ont déclaré par position (2) ne rien savoir. C'est donc le cas, plus

---

(1) On en avait soupçonné 16 d'abord, 2 enfin, puis plus rien ensuite. (Voir l'affaire de la *Comédie politique*, suivie par le vigilant parquet de Lyon.)

(2) *Temps* (3 août 1887).

que jamais, de dire que la montagne est accouchée
d'une souris ; ce qui n'empêchera pas le public de
garder une mauvaise impression de cette affaire.
Les auteurs, quels qu'ils soient, de cet incident,
n'ont donc pas lieu de s'en féliciter.

Il comporte cependant une moralité utile à dégager : c'est que l'habitude qu'on a prise, depuis un
certain nombre d'années, dans une partie de la
presse, d'amuser la galerie avec des faits empruntés
à la vie privée, a ses inconvénients, non pas seulement pour les gens qui en fournissent la matière,
mais encore pour les journaux ou journalistes qui
les racontent. Ce n'est, en somme, que justice pour
les premiers comme pour les seconds : on aurait
tort de croire, en effet, que les reporters sont seuls
responsables des violations de secrets dont ils
vivent ; il en est beaucoup, de ces secrets, qui demandent à être violés. Les soirées mondaines, les
mariages, les morts ne sont, pour beaucoup
de ceux qui y figurent comme directeurs, acteurs
ou spectateurs, qu'une occasion de faire connaître
au Tout-Paris, et même au Tout-Province, l'éclat de
leur généalogie, la noblesse de leur parenté, l'étendue et le choix de leurs relations ; leur état de maison, la splendeur de leurs réceptions, le luxe de
leur ameublement. Ils ne fuient pas la publicité, ils
la cherchent, ils la sollicitent, même ils la payent,
au moins en sourires, en bonnes grâces, en ai-

mables familiarités. Seulement, le public, une fois alléché, ne s'est plus contenté de contempler la surface de ce monde séduisant, il a voulu pénétrer au fond, en fouiller les coins les plus intimes et les plus obscurs, en rechercher les laideurs après les grâces, les bassesses après les générosités, en connaître le passif avec l'actif ; car, il faut bien le dire, l'enfer l'amuse beaucoup plus que le paradis : l'enfer de Béranger bien entendu, et non pas celui du Dante.

Comment s'étonner dès lors des quelques accidents comme celui qui a occupé la galerie pendant quelques jours ? C'est une question de réforme de mœurs publiques ; les journaux les suivent, mais ne les font pas ; ils ne peuvent qu'en accélérer la décadence. Il faudrait que la société dont nous parlons, et à qui il arrive de loin en loin d'en gémir, essayât sur elle-même une réaction énergique, qu'elle prît le parti de cacher non seulement son linge sale — elle voudrait bien — mais son linge brodé, ce qui est douteux, et par malheur l'un ne va guère sans l'autre. »

L'éminent orateur, le puissant publiciste Jules Simon, disait : « Il y a vingt ans, les socialistes, les collectivistes étaient des rêveurs, des factieux ; aujourd'hui, ce sont des praticiens. »

L'armée du crime se compose, en France, actuellement de trois cent mille combattants, toujours armés (1), que mènent à l'assaut de la fortune privée six mille officiers déterminés.

Le crime de la Villette, 26 *février* 1881. — Un crime épouvantable, dont la sauvagerie rappelle celle de l'assassinat commis par Menesclou, venait de jeter la consternation dans le quartier de la Villette. Un petit garçon de six ans, nommé Schaonenn, a été assassiné à coups de couteau, dans une chambre d'un hôtel meublé situé au n° 220 du boulevard de la Villette. Son meurtrier, un sieur Lemaître, emballeur, n'est âgé que de 15 ans : l'esprit reste confondu devant un pareil fait. L'enfant, son carton d'écolier sous le bras, sortait de l'école et regagnait le domicile de ses parents, lorsque, en traversant le boulevard de la Villette, il fut arrêté par Lemaître, qui l'entraîna dans sa chambre, en lui promettant des jouets. Dans la chambre il le fit asseoir, l'embrassa, le déshabilla, et comme le petit criait, il lui bâillonna la bouche avec un mouchoir, lui lia les mains derrière le dos avec une corde, le jeta sur son lit, et plus tard lui ouvrit le ventre avec un couteau-poignard, et comme l'enfant se débattait et râlait il lui coupa la gorge. Le pauvre petit expira. Son meurtrier essuya ses mains pleines de sang aux draps de son lit, ouvrit sa porte et après l'avoir soigneusement fermée, gagna le corridor de l'hôtel et

(1) *Le Monde des Prisons*, par l'abbé MOREAU, ancien aumônier de la Grande-Roquette, 1887.

sortit sur le boulevard. Il erra quelques instants aux abords de l'hôtel puis, vers neuf heures du soir, pris de remords, effrayé peut-être de l'atrocité de son crime, il se rendit au poste central de la rue de Tanger, où il raconta aux gardiens de la paix l'action qu'il venait de commettre. Le misérable a fait des aveux complets.

« Le 15 février, a-t-il dit, j'ai volé 200 francs à mon patron, M. Siront, rue d'Aboukir, et je les ai dépensés au spectacle et en parties de plaisir. Hier, me trouvant à bout de ressources, j'ai vu tout rouge, et subitement l'idée m'est venue de tuer un enfant. Le hasard, m'a mis en présence du pauvre petit que j'ai assassiné. »

La justice informe toujours comme si le crime était encore suivi de répression. Depuis cent dix jours, à la Roquette, le condamné à mort Foulloy attend ou plutôt n'attend plus l'heure de son exécution méritée.

Les témoignages sont discutés ; c'est là pour l'accusé un devoir, un droit ; mais souvent ce sont des victimes aussi. Suivant l'article 79 du Code d'instruction criminelle (1), les enfants de l'un et de l'autre sexe,

---

(1) Voir la remarquable étude de M. le docteur A. Motet, le savant aliéniste, qui écrit aussi bien qu'il sait parler : *les Faux Témoignages des enfants devant la justice*. (Paris, librairie Baillière et Cⁱᵉ, 1887.) — Voir le *Procès de Bordeaux* : Assises de la Gironde. L'Instituteur-adjoint de la commune de Macau, acquitté d'une prévention d'attentat à la pudeur.

âgés de moins de quinze ans, peuvent être entendus en témoignage, par forme de déclaration et *sans prestation de serment* (*art.* 317 *Instr. crim.* ; *Cassation, 9 juin* 1831). Pothier (*Traité de la procédure criminelle*) estime que les enfants ne peuvent refuser leur témoignage, contre leurs parents, en matière de lèse-majesté, la patrie devant être plus chère que la famille. (*Ordonnances de* 1667 *et de* 1670.)

En 1887, nous revenons aux temps néfastes décrits par le *Journal de Pierre de l'Estoile* (1606). Il porte que : « Tous meurtres, assassinats, voleries, excès, paillardises et autres sortes de vices, règnent en cette saison extraordinairement ; 19 ont été trouvés assassinés, en un seul mois, par les rues de Paris, dont on n'a pu encore découvrir les meurtriers ! Pauvre commencement d'année, nous menaçant de pire fin, — par la constitution du temps, si piteux qu'elle semble pleurer nos péchés, au défaut de la crainte de Dieu, qui ne se trouve plus aujourd'hui entre les hommes. »

François Miron, prévôt des marchands, adressait alors au roi, son maître, ces paroles si justes : « Le vrai populaire, c'est-à-dire celui qui s'élève à Paris est le plus laborieux du monde, voire même le plus intelligent, mais l'autre, Sire, est le rebut de la France. Que des lois énergiques rejettent cette écume hors de la ville, afin que le flot parisien reprenne sa transparence et sa limpidité. »

CHAPITRE II

Les malfaiteurs.

Adversùs hostem æterna auctoritas.

Comme un arbre, dont les branches se dessèchent, parce qu'au fond
de la terre un insecte malfaisant ronge ses racines, la société
souffre et marche à sa ruine parce que, dans le cœur des jeunes,
ceux qui devraient être sa force et son espoir, on a laissé s'introduire des germes de corruption. (*Paris qui souffre*, Adolphe
Guillot, juge d'instruction au tribunal de la Seine.)

Le récidiviste, qu'une loi récente et obscure n'a
pas encore touché, est jeune. Il débute, avec la violence de son ardeur, de sa passion, de sa lubricité,
de sa férocité ; même avant d'être majeur, il traine
comme un boulet son casier judiciaire, trop prématurément rempli. La Roquette et puis la Morgue
sont les écoles où se forment, se façonnent les vicieux, les criminels de l'avenir. On revient en fredonnant la chanson de l'échafaud :

> La dernière fois que je l'ai vu,
> Il avait le corps à moitié nu,
> Sa tête passait dans la lunette,
>   A la Roquette.   (*bis*)

La série de crimes effroyables auxquels nous as-
sistons donne une cruelle actualité à une statistique récemment publiée sur les progrès de la criminalité.

A s'en tenir simplement à certains chiffres qu'elle
nous fournit, il faudrait conclure que la « grande criminalité » a sensiblement diminué depuis 1826,
époque à laquelle ont été dressés les premiers recen-
sements de la justice criminelle. Le travail auquel
nous faisons allusion, en effet, constate que la
moyenne annuelle des crimes jugés par les cours
d'assises s'élevait, de 1826 à 1830 à 5,376. De 1876
à 1880 elle n'est plus que de 3,446, et en 1884 elle
est même tombée à 3,276.

Malheureusement, cette diminution est plus appa-
rente que réelle. Elle tient à ce que, durant les dernières années surtout, on a cherché à soustraire à la
juridiction trop indulgente ou trop irrégulière du
jury un grand nombre de méfaits, justiciables de la
police correctionnelle *ou* de la cour d'assises. Les
magistrats instructeurs, afin d'assurer la répression,
se sont généralement ingéniés à « correctionnaliser »
le plus souvent possible, certains crimes. Or, c'est
sur cette catégorie d'infractions désormais « correc-
tionnalisées » soit par la loi nouvelle, soit par les
magistrats instructeurs, c'est-à-dire principalement
sur les attentats contre les propriétés, que porte la
diminution générale, constatée par la statistique.

Les attentats contre les personnes, c'est-à-dire l'assassinat, le meurtre et les coups et blessures, ont, au contraire, augmenté.

Voici des chiffres probants à cet égard :

Leur moyenne annuelle n'était que de 464 ; en 1884, on en compte 561, malgré les atténuations introduites par les réformes pénales de 1832 et de 1863.

Les infanticides ont passé de 102 en moyenne, pendant la première période de la statistique annuelle, à 194 pendant la dernière. Ce chiffre lui-même est certainement incomplet, car on a correctionnalisé un grand nombre d'infanticides, sous la qualification adoucie de « suppression de part ».

Mais où la démoralisation sociale a fait des progrès effrayants, c'est en ce qui regarde les attentats à la pudeur. Ceux contre les adultes sont restés à peu près stationnaires, parce que l'instruction en transforme un certain nombre en simples délits d'outrages publics à la pudeur ; mais ceux contre les enfants se sont accrus, en moyenne, de 136 par an, de 1826 à 1836 ; de 791 de 1876 à 1880.

En résumé, les crimes contre les personnes et contre les mœurs, dont la moyenne, au début de la statistique, n'était que de 872, atteignent en moyenne, de nos jours, le chiffre de 1,602, c'est-à-dire que cette criminalité, symptôme particulièrement direct de la moralité générale, a presque doublé dans cet espace de temps.

Quant aux délits justiciables des tribunaux correctionnels, ils se sont élevés, en moyenne, de 119,446 à 184,949. Les délits contre les propriétés ont passé de 41,140 à 146,024, c'est-à-dire ont quadruplé. Les rébellions et outrages envers les fonctionnaires ont passé de 3,344 à 14,968 ; les coups et blessures, de 8,426 à 18,446 ; les vols proprement dits, de 9,871 à 33,381 ; les escroqueries et abus de confiance, de 1,170 à 6,371 ; les délits contre les mœurs, de 497 à 3,397.

Ces chiffres sont instructifs et, par malheur, décisifs. La criminalité ne decroît pas, comme on pourrait le croire à l'examen superficiel de la statistique ; elle augmente, au contraire, dans des proportions inquiétantes.

Deux catégories d'assassins : les uns poussés par une passion, colère, jalousie, vengeance, ivresse, les autres commettant le crime comme on fait un métier, froidement, lâchement, avec une cruelle persévérance (1).

Les bons gendarmes, sont moins protégés, que les bandits, et la cour de Bastia, sans tenir aucun compte de l'ordre légal et permanent commandé par l'autorité légitime (art. 327 du Code pénal ; dé-

---

(1) *Les Cravates blanches*, par Adolphe BELOT, l'ingénieux observateur. (Dentu, éditeur.)

cret réglementaire, traité du service de la gendarmerie), renvoie devant la cour d'assises, comme s'il n'y avait pas pour eux de cas de légitime défense, deux gendarmes qui, en se défendant contre les attaques d'un malfaiteur, l'avaient tué. (Cassation ; chambre criminelle, 23 juin 1887.)

Une dépêche d'Ajaccio signalait le meurtre de deux gendarmes. Voici des détails circonstanciés sur l'horrible drame qui vient de se passer dans les environs de Loreto :

Les gendarmes Ciavaldini et Nivelle avaient reçu l'ordre de transférer à la prison de Sartène un bandit qu'on avait arrêté la veille à Loreto (1887).

Arrivés à deux kilomètres de Loreto, Ciavaldini et Nivelle se trouvèrent sur la route en présence d'un groupe de personnes, composé des frères et d'autres parents du bandit qu'ils escortaient. On intima aux agents de la force publique de relaxer leur prisonnier. Fidèles à leur consigne, les deux gendarmes refusèrent d'obtempérer à la sommation qui leur était adressée. Alors s'engagea une lutte terrible, des coups de feu partirent du groupe formé par les parents du bandit, les gendarmes ripostèrent, mais bientôt, accablés par le nombre, ils tombèrent! Le prisonnier, qui se débattait, et que Ciavaldini et son compagnon avaient maintenu en leur pouvoir jusqu'au dernier moment, fut lui-même mortellement atteint; on désespère de le sauver. Quant aux deux

gendarmes victimes de leur devoir, ils ont succombé
presque instantanément.

Le tribunal de Montluçon (Allier) vient de condamner (avril 1887), en quinze jours de prison, le
brave gendarme Sornin, qui avait, en défendant ses
jours et sa consigne, tué un malfaiteur voulant s'é-
vader du violon.

Il faut que force demeure toujours aux coupables,
nos maîtres d'aujourd'hui et de demain !

La magistrature elle-même entre dans des subtilités byzantines. On ne saurait démontrer le caractère d'un commencement d'exécution du délit de vol,
à ce simple fait, que des individus se sont introduits,
en plein jour, dans l'escalier d'une maison ouverte à
tous, alors même que ces individus seraient porteurs
d'outils pouvant servir à la préparation du délit et
que leur intention avouée avait été de voler. On ne
saurait dire qu'une tentative a manqué son effet
par des circonstances indépendantes de la volonté
de ses auteurs, quand c'est spontanément, par suite
de réflexions à eux suggérées par certaines dispositions de l'étude des lieux, que lesdits auteurs se sont
déterminés à abandonner leur projet (*Aff. Rigal et
Romptain*, 8 janvier, 10ᵉ chambre). 5 ans de prison.

La cour de Paris (appels correctionnels, 12 février 1877) :

Considérant que des vols antérieurs ont été commis, 14, rue de Châteaudun ;

Que les voleurs sont peut-être montés pour voler au 6ᵉ ;

Qu'ils se sont arrêtés à l'entresol, sans avoir fait l'essai de fausses clefs ;

Aucun locataire ne les a vus, ni même entendus ;...

Tels sont les motifs encourageants qui ont amené l'infirmation du jugement, et renvoyé Romptain et retenu, en confirmant, Rigal pour infraction à un arrêté d'interdiction de séjour. (*Gazette des Tribunaux*, février 1887 ; M. le conseiller Labour, rapporteur.)

Rue Montmartre, le 6 avril 1887, un concierge surprenait un individu étranger à la maison, qui s'engageait rapidement dans l'escalier, et n'a pu dire chez qui il allait. L'inculpé, arrêté et conduit au commissariat de police, a déclaré se nommer Jules B..., *sortant de prison, sans domicile.*

En le fouillant, on a trouvé sur lui une tablette de mastic pour prendre les empreintes des serrures, et un casse-tête.

B..., qui a déjà subi de nombreuses condamnations, a été envoyé au Dépôt. Pourvu qu'il ne parvienne pas à s'en évader, après tant d'autres ! Le palais de justice a des factionnaires, ils surveillent des portes à tort ouvertes toute la nuit.

Chaque fois qu'une facile évasion s'y produit, on s'en émeut quelques heures, puis tout retombe dans la négligence, dans le désordre accoutumé.

Là, comme ailleurs, on ferme l'écurie, après que les ânes s'en sont enfuis.

La chambre des appels correctionnels a cru pouvoir décider, dans une affaire Alliot (22 juillet 1887), par infirmation d'un jugement du tribunal de la Seine, du 22 juin précédent, que le *fait de s'attribuer un pouvoir imaginaire et de faire naître l'espérance d'une guérison chimérique, en employant la fausse qualité de médecin et des manœuvres chimériques,* ne constituent pas le délit prévu et réprimé par l'article 405 du Code pénal (présidence de M. Bresselles : Me Labour, conseiller-rapporteur; conclusions *contraires* de M. l'avocat général Jacomy). Il faut espérer, *pour la santé publique*, qu'un pourvoi rassurant sera dirigé contre les considérants de cet arrêt, encourageant pour les charlatans qui détroussent si effrontément, grâce à la publicité, la crédulité publique.

Il faut se coucher en même temps que le soleil, afin d'éviter toute attaque de nuit (1).

(29 août 1881.)

L'attaque d'une voiture cellulaire est signalée à l'étonnement public. Il s'est produit à Paris un fait

(1) Les rues de Paris sont moins sûres qu'au moyen âge. Alors il y avait les patrouilles du guet, maintenant les rondes circulent périodiquement; il est prudemment interdit aux agents de se servir de leurs armes.

La consigne est, pour les gardiens de la paix, de ne pas se défendre : ils doivent être des victimes du devoir !

que (1) nous croyons unique dans les annales du légendaire panier à salade, cette lourde voiture qui va
de poste en poste, à des heures déterminées, chercher les inculpés que les commissaires de police des
différents quartiers font diriger sur le Dépôt de la
préfecture de police. Le dernier service de ces
voitures part de la préfecture (cour de la Perma-
nence, quai de l'Horloge), vers onze heures et demie
du soir, et parcourt tous les arrondissements. Chaque voiture visite au moins six postes de gardiens
de la paix, ce qui représente à peu près deux arrondissements. Le cocher de l'entrepreneur fournissant
les chevaux et un agent en bourgeois de la police
municipale forment la seule escorte des prisonniers,
parfois fort nombreux.

Donc, vers minuit, à Belleville, la voiture cellulaire faisant le service du XXe arrondissement
tournait l'angle des rues Robineau et du Sorbier,
quand le cocher fut atteint par une pierre que lui
lança un individu embusqué dans une porte cochère.
Tout naturellement, le pauvre homme fit un mouvement qui arrêta ses chevaux, bien disposés, du
reste, à cesser de trotter, et, au même instant, deux
autres individus surgirent qui étaient restés cachés

(1) Rue Larribe (VIIIe arrondissement), un café situé au n° 1 fut
complètement dévalisé pendant une belle nuit, alors qu'un poste de
police, orné d'un factionnaire, est établi au n° 6, et que les agents
devaient, là plus qu'ailleurs, veiller !

jusque-là. L'inspecteur de police Grafteau, qui se trouvait dans l'intérieur de la voiture, dans le couloir qui la sépare en deux parties, saisit par le bras l'un des malfaiteurs qui essayait d'ouvrir la portière et le maintint en l'air jusqu'à l'arrivée des gardiens de la paix attirés par les cris du cocher. Les deux individus qui s'étaient placés à la tête des chevaux réussirent à fuir, mais celui que gardait Grafteau fut incontinent appréhendé et conduit au violon.

C'est un garçon maçon, âgé de dix-neuf ans et demeurant rue Surmelin ; il se nomme Decker.

Son but était de délivrer les inculpés qui, du reste, n'ont fait aucune tentative pour aider leur sauveur ; à moins, toutefois, que ce ne soit un humanitaire.

En tout cas, il a pris place dans le véhicule, dont il tenta l'assaut, sans avoir dénoncé ses complices à M. Gonet, commissaire de police du Père-Lachaise.

Il faudra à l'avenir renforcer l'escorte, en lui adjoignant un garde républicain à cheval, comme cela se pratique en plein jour pour les prisonniers transférés par ordre du parquet.

Une audacieuse attaque. — Décidément, les voleurs ont toutes les audaces. A deux pas de la préfecture de police, et en face du palais de justice, à cinq heures, trois individus ont tenté d'étrangler une marchande de vins pour la voler (1).

La dame Valette se trouvait seule à son comptoir, 12, boulevard du Palais, lorsque trois malfaiteurs entrèrent dans l'établissement. L'un d'eux s'est jeté sur elle et a essayé de l'étrangler, après l'avoir terrassée; il a voulu enlever ensuite le tiroir de la caisse.

Les deux complices se tenaient pendant ce temps sur le seuil de la porte pour empêcher qu'on vînt au secours de leur victime.

Heureusement qu'un gardien du palais qui passait, ayant entendu des cris, pénétra résolument dans le débit et délivra Mme Valette. Il a été assez heureux pour maintenir un des malfaiteurs jusqu'à l'arrivée des gardiens de la paix. Les deux autres sont parvenus à s'enfuir.

Le voleur arrêté a été conduit au commissariat de police du palais.

(1) Le palais de justice de Paris reste ouvert toute la nuit, pour la plus grande facilité et convenance de toutes les personnes qui l'habitent. Aussi faut-il s'étonner que les évasions, vols, n'y soient pas encore plus fréquents.

COUR D'ASSISES DE LA SEINE

Audience du 24 *juillet* 1880

PRÉSIDENCE DE M. BÉRARD DES GLAGEUX

Les empoisonnements de Saint-Denis

Condamnation à mort. — M. l'avocat général Lefebvre de Vïefville releva tous les faits énoncés dans l'acte d'accusation.

Baude est ivrogne, paresseux, sournois. Il a été autrefois sous-officier, ce qui est une excellente note.

Son père, consulté sur le compte de son fils, a déclaré que c'était le meilleur de ses enfants et qu'il ne fréquentait pas les cabarets.

Mais il a proféré des menaces contre son patron et la femme de celui-ci.

L'arsenic est une poudre blanche; il était impossible au garçon qui travaillait avec Baude de reconnaître sa présence dans la farine. C'est donc dans la farine que Baude a dû le jeter. Et le lendemain, il mangeait du pain acheté chez un autre boulanger, bien qu'il pût en avoir gratuitement chez son patron.

Le sang-froid le plus complet a présidé à tout ce qu'a fait Baude. Il prétend qu'il était gris quand il a laissé tomber l'arsenic dans la pâte. Il a été impossible d'établir que Baude était gris ce soir-là.

La préméditation existe par ce seul fait que l'accusé s'est procuré des quantités considérables d'arsenic, et qu'il n'en a jamais donné à personne, à part une dame Renaud, à qui il en a laissé la valeur de deux dés à coudre pour tuer ses rats. Enfin Baude a tenu ce propos :

— Quand je quitterai mon patron, je pourrai lui faire perdre la moitié de sa clientèle.

Si le paquet d'arsenic était tombé par accident tout entier dans la pâte, l'ouvrier, qui est venu la remuer, l'eût trouvé.

En somme, Baude a commis un acte dont les conséquences auraient pu être effroyables. Heureusement personne n'est mort, des animaux seulement ont succombé.

M. l'avocat général dit qu'il faut adresser bien des remercîments à la Providence.

Il nous semble qu'il faudrait réduire la mesure des remercîments à la Providence, qui n'a pas songé à empêcher les vomissements, ni les coliques.

Aucun des jurés n'est, du reste, tombé à genoux.

Après une suspension d'audience, M. Léopold Lachaud, avocat de Baude, prend la parole.

Il dit qu'un homme ne peut pas vouloir la mort de trois cents personnes, pour une somme de neuf cents francs. Baude a laissé de bons souvenirs dans son pays, il a été un bon soldat, il n'a pas d'antécédents judiciaires, ce n'est pas un alcoolique ; du reste, il n'a jamais cherché à dissimuler qu'il avait de l'arsenic en sa possession, puisqu'il en a offert à Mme Renaud pour tuer des rats. Quand Baude a dit, en montrant un paquet, qu'il y avait là de quoi faire crever la moitié de Saint-Denis, ce n'a pu être, dit le défenseur, qu'une plaisanterie.

La préméditation n'est pas non plus établie. Certains propos tenus ne sont que des commérages. La rancune ne peut être invoquée contre Baude, car, au cours de l'instruction, il a déclaré que ses patrons avaient toujours été bons pour lui. On ne peut pas lui reprocher d'avoir cherché à cacher ses détournements, puisqu'il les a tous avoués à Mme Duboc. Ou bien alors il serait fou.

Baude était gris, le jour où il a laissé tomber de l'arsenic dans le pain.

Et l'on retrouve chez Baude tous les caractères de l'alcoolisme, indiqués par Tardieu. Il avoue les détournements. Le jury aura à se prononcer sur cette question et sur celle d'empoisonnement.

L'audience est suspendue. On emmène avec beaucoup de difficulté l'accusé, qui est pris d'un tremble-

ment nerveux tellement intense qu'il semble qu'il va
se trouver mal.

Le résumé de M. le président a été fort court.

Le jury n'avait, en somme, qu'à se prononcer sur
deux questions, celle de détournements de fonds et
celle d'empoisonnement sur plusieurs personnes.

Après une demi-heure de délibération, le chef du
jury rend un verdict déclarant l'accusé coupable sur
toutes les questions.

En conséquence, Baude est condamné à la peine
de mort.

Cet arrêt produit une vive sensation dans la salle.

On l'emmène, se soutenant à peine et éclatant en
sanglots.

L'empoisonneur a été, bien entendu, gracié !

A Paris, le petit parquet, saisi par an, *en moyenne*,
de 26,368 affaires, en a reçu 33,176 (1881-1885);
au total, pendant cette dernière période : 165,881.

42 0/0 des inculpés ont été mis de suite en liberté ;

15,251 renvoyés devant la police correctionnelle ;

800 renvoyés en simple police ;

2,507 renvoyés sous mandat à l'instruction.

De 1881 à 1885, le petit parquet de Lyon a statué
sur 6,000 individus arrêtés ;

Marseille, 4,851 ;

Bordeaux, 111 ;

Toulouse, 673 ;

Nantes, 673.

La rapidité des poursuites correctionnelles varie suivant les parties dirigeant l'action.

Les affaires *à la requête du ministère public* sont terminées 38 0/0 dans la quinzaine du délit;

A la requête des administrations publiques, 23 0/0;

A la requête des parties civiles, 10 0/0 seulement.

Nature et durée des peines prononcées. — Si l'on défalque des 4,382 accusés jugés en moyenne (de 1881 à 1885) ceux qui ont été acquittés (1,202) et les mineurs de 16 ans, acquittés en vertu de l'article 66 du Code pénal, il reste 3,166 accusés qui ont été déclarés coupables et punis des peines suivantes :

Peine de mort	29
Travaux forcés à perpétuité	120
— 20 ans et plus	88
— 8 ans et moins de 20	391
— moins de 8 ans	311
Réclusion. — Perpétuité	3
— 20 ans et plus	3
— Plus de 10 ans et moins de 20	2
— De 5 à 10 ans	627
Emprisonnement de plus d'un an	1,316
— d'un an au moins	272
Amende seulement	4

Un drame au pistolet. — Un duel, dont l'issue a été fatale pour l'un des combattants, a eu lieu lundi dernier dans le bois situé près de Francfort-sur-Mein.

La rencontre était motivée par des dissensions de famille. Le baron Maurice-Adolphe de Frœhlich, chambellan d'honneur de la cour de Bavière et ex-officier des dragons de la garde, à Berlin, vivait séparé de sa femme, la baronne Lidy de Luttwitz. Un jugement du 14 février précédent, qui avait prononcé le divorce, avait confié à la mère l'éducation de la fille issue du mariage, avec cette restriction que celle-ci passerait trois fois quinze jours par an chez son père. Cette condition donna lieu à de vives contestations, qui amenèrent finalement une rencontre entre le baron de Frœhlich et le nouveau mari de son ex-épouse, M. de Frankenberg-Proschlitz, maître des cérémonies (janvier 1881). Le duel a eu lieu au pistolet, à dix pas. L'arme du baron Frœhlich rata ; le malheureux tomba frappé d'une balle qui traversa le larynx, en entrant par la mâchoire droite et en sortant sous l'oreille gauche. Le cadavre a été transporté à Berlin, dans un cercueil en zinc, après que l'autopsie eut été faite par le médecin légiste de Francfort.

Le vitriol. — Lannois (Jules-Stanislas) fut condamné, le 25 janvier 1881, par la Cour d'assises de la Seine, pour avoir, avec préméditation, causé à

3

Isabelle Dubois des blessures volontaires, qui ont amené la perte d'un œil, brûlé par le vitriol, en quinze années de travaux forcés. (*Vengeance d'un souteneur délaissé.*)

Rendons à César... — On a cru, et l'on croit encore, que les drames au vitriol sont d'invention récente, et tout le monde attribue à la veuve Gras l'honneur de l'invention.

Détrompez-vous.

Il a été trouvé à la Bibliothèque nationale une note du 26 mai 1639, émanant de la prévôté de Paris, et ainsi conçue :

« L'atrocité de l'attentat commis le 19 du passé, contre la duchesse de Chaulnes, par cinq cavaliers masqués qui, ayant arrêté son carrosse, lui jetèrent au visage une fiole *pleine d'eau-forte* et tuèrent d'un coup de pistolet un de ses valets, sur le chemin de Saint-Denis, en cette ville, a donné lieu à une ordonnance du roi..., avec douze mille livres de récompense à celui qui apportera la tête de l'un d'iceux. »

Les manuscrits Clairembault, qui relatent cet arrêté prévôtal, ne nous disent pas si les coupables ont été arrêtés et punis. Ils prouvent tout au moins qu'en 1639 on n'était nullement disposé à acquitter les vitrioleurs.

La fin du doyen des criminels. — Il vient de mourir, à la maison centrale de Caen, un singulier personnage, qui pouvait certainement revendiquer l'*honneur* d'être le doyen des condamnés de France.

Il s'appelait Louis Desjardins. Il s'est éteint tranquillement au bel âge de 87 ans, avec la satisfaction de faire tort au gouvernement d'une dizaine d'années de prison qu'il avait encore à faire pour payer intégralement sa dette à la société (avril 1881).

C'était un véritable héros de roman-feuilleton que ce Desjardins, ce Protée longtemps insaisissable, qui joua souvent aussi avec succès les Latude et les barons de Trenk. Il ne s'était évadé pas moins d'une dizaine de fois.

Homme aimable, d'ailleurs, gredin poli et qui, en cour d'assises ou à la correctionnelle, eût été désolé de manquer de respect au président. C'est lui qui, un jour, au tribunal, indigné de la déposition d'un témoin, s'écria avec une dignité contenue :

— Témoin, vous êtes un paltoquet... Je cracherais sur vous, si je n'avais peur de salir M. le greffier !

Sa première condamnation remontait à 1826. A ce moment-là, il avait de hautes visées. Il s'était tout simplement présenté comme inspecteur des finances chez le receveur général de l'Eure, auquel il avait escroqué, sous couleur d'indemnité à faire payer, une dizaine de mille francs.

Une autre fois, il arriva à Valenciennes sous le costume d'intendant général. Il examina gravement les comptes des officiers payeurs, se donna le plaisir de passer une revue de la garnison et disparut après avoir dévalisé le commandant de place, qui s'était empressé de lui offrir l'hospitalité.

Ce diable d'homme savait, quand il le voulait, jouer au personnage de distinction; il ne manquait pas d'une certaine instruction et il parlait à merveille trois ou quatre langues. Ce fut à ces particularités qu'il dut, une ou deux fois, de se réclamer de sa qualité fictive de sujet étranger, circonstance qui lui permit de s'évader pendant les formalités d'extradition.

Dans ces derniers temps, très vert encore malgré son âge, il s'était fait une philosophie douce, d'après laquelle il trouvait un certain charme à vivre, sans inquiétude du lendemain, aux frais de l'État; il était, en effet, trop vieux pour travailler, et sa *masse*, qui s'était assez joliment accrue pendant ses innombrables années de prison, lui permettait de se procurer quelques douceurs.

Il avait cependant une idée fixe qui le poursuivait: le regret de ne pouvoir écrire ses mémoires. Il assurait qu'ils auraient abondé en détails instructifs pour les *gaffiers* (gardiens de prisons), auxquels il aurait appris bien des tours de prisonniers. La chose est assez vraisemblable, car nul n'était mieux que lui en situation d'avoir étudié à fond les maisons centrales : il avait passé *cinquante-sept ans* de sa vie en prison !

Quelle existence !

Tatouage. — Les statisticiens ont parfois de bonnes idées à enregistrer pour reconnaître les individus.

M. le docteur Lacassagne, professeur à la faculté de Lyon, ancien médecin-major de première classe, vient de publier un très intéressant travail sur les tatouages dans l'armée, qu'il a eu l'occasion d'étudier pendant un long séjour en Afrique.

Avec une patience réellement louable, le docteur Lacassagne a relevé près de 1,600 tatouages, dont il a collectionné les fac-similés (1).

Dans cette collection cataloguée avec soin, chaque décalque est accompagné de toutes les indications nécessaires pour faire de ce travail original une véritable monographie du tatouage.

L'examen du docteur Lacassagne a porté sur 378 individus, dont 360 appartiennent à un bataillon de *zéphirs* et 13 à des pénitenciers militaires. Ces 378 individus portent 1,303 tatouages, qui se décomposent ainsi :

Tatouages politiques et religieux, 91 ; — professionnels, 98 ; — inscriptions, 111 ; — militaires, 149 ; — métaphoriques, 160 ; — amoureux et érotiques, 180 ; — fantaisistes ou historiques, 344.

Les tatoués portaient ces dessins sur les bras, le ventre, la poitrine, les jambes, mais plus fréquemment sur les bras.

----

(1) *Du tatouage. Recherches anthropologiques et médicales,* par MM. LACASSAGNE et MAGITOT (Paris, 1886. — ASSELIN-MASSON éditeurs

On doit signaler plusieurs individus tatoués des pieds à la tête; deux notamment qui, pour tromper la monotonie de leur captivité, se sont fait peindre sur la peau un uniforme de général de division, avec douze croix de la Légion d'honneur.

Les portraits, également copiés dans un journal illustré, sont à signaler; les plus remarquables sont ceux du général Garibaldi, de Napoléon Ier, de Mac-Mahon, d'Anne d'Autriche, du duc de Morny, de Mlle Jeanne Granier, qui sera assurément flattée d'apprendre qu'un certain nombre de zéphirs ont fait graver sa gracieuse et coquette image sur leur épiderme ; M. de Cassagnac sera également flatté d'apprendre qu'un superbe portrait de lui orne l'abdomen d'un soldat corse de la garnison de Médéah.

D'ailleurs, quelques tatoueurs sont de véritables artistes et ne reculent point devant les vastes compositions; ils peignent des tatouages comme la *Chasse au Lion*, le *Martyre de sainte Blandine*, la *France enchaînée*, etc.

Citons encore les inscriptions qui sont tantôt mélancoliques, tantôt philosophiques, comme celles-ci : « Le passé m'a trompé, le présent me tourmente, l'avenir m'épouvante. — Vive la France et les pommes de terre frites! »

Parions qu'on a trouvé celle-là sur le ventre d'un enfant de Paris.

Le vagabondage, en 1879, s'est élevé à 10,639
— 1878, — 9,910
— 1877, — 9,667
— 1876, — 8,270
— 1875, — 8,429

La mendicité, en 1879, s'est élevée à 6,199
— 1878, — 5,891
— 1877, — 6,329
— 1876, — 5,766
— 1875, — 6,373

La rupture de ban (1), en 1879, — 4,284
— 1878, — 4,467
— 1877, — 2,267
— 1876, — 4,137
— 1875, — 3,898

Les vols réunis, en 1879, se sont élevés à 32,942
— 1878, — 31,802
— 1877, — 33,351
— 1876, — 31,780
— 1875, — 30,020

Les sept dixièmes des prévenus de vagabondage et de mendicité avaient déjà comparu devant la justice, et plusieurs dans le courant de la même année. Ils font leurs combinaisons, leurs calculs, pour prendre leurs quartiers d'hiver dans les préaux bien chauffés des maisons d'arrêt de la Seine.

Ils sortent au printemps, pour recommencer le cercle de leur existence nomade, présentant plus de charmes que de périls.

(1) Placés sous la surveillance légale.

CHRONIQUE DES TRIBUNAUX

(Paris, 27 août 1881.)

Le mystère de la rue Saint-Marc. — Jean-Joseph Bernard, l'auteur de la tentative mystérieuse d'assasinat sur la personne de Mme Desvallières, fille de M. Legouvé, de l'Institut, qui a tant excité la curiosité publique, comparaît devant la cour d'assises de la Seine, présidée par M. Hua.

C'est un petit jeune homme, brun, assez gentil garçon, la barbe naissante et frisée, la physionomie insignifiante.

Le siège du ministère public est occupé par M. Coffinat-Laprade ; Me Bouchot défend l'accusé ; treize témoins sont cités, parmi lesquels M. Legouvé et Mme Desvallières ; la chemise que portait celle-ci dans la nuit du 6 au 7 avril est étendue sur la table des pièces à conviction, avec d'autres objets ; l'affluence est considérable dans le prétoire.

M. le greffier Blondeau donne lecture de l'acte d'accusation, qui est ainsi conçu :

« M. Legouvé est propriétaire d'une maison située à Paris, rue Saint-Marc, 14. Il occupe avec sa fille, Mme Desvallières, son gendre et ses petits-enfants, le deuxième et le troisième étage de cette maison. Ces deux étages fermés sur le palier par des serrures de sûreté semblables, communiquent par un escalier intérieur.

« Mme Desvallières et sa fille Georgina, âgée de treize ans, couchent seules au second étage dans deux pièces séparées par un cabinet de toilette.

« Dans la nuit du 6 au 7 avril dernier, vers quatre heures du matin, Mme Desvallières se sentit frappée, pendant son sommeil, d'un coup violent qui la réveilla. Elle poussa un cri, et entendit au même moment le bruit de pas qui se dirigeaient du côté de la salle à manger, contiguë à sa chambre. Allumant aussitôt une bougie, elle se vit couverte de sang et constata qu'elle était blessée à l'épaule droite et à la main gauche.

« Ces deux blessures n'avaient été cependant produites que par un seul et même coup, ce qui s'explique par l'habitude qu'a Mme Desvallières de s'endormir sur le côté gauche et de replier le bras gauche sur la poitrine. Avant de s'inquiéter de son état, la mère pensa d'abord à sa fille, qui pouvait avoir été l'objet d'un attentat pareil, et se précipita vers la chambre de son enfant, qu'elle vit paisiblement endormie.

« Revenant alors à la fenêtre de sa chambre, elle pensa qu'elle verrait fuir le malfaiteur qui venait d'attenter à sa vie; mais personne ne sortit. Elle n'entendit ni ouvrir ni fermer la porte de la rue, et une visite sommaire de l'appartement lui permit de constater que la porte d'entrée donnant sur le palier, et qui, la veille au soir, avait été fermée à clef, était entre-bâillée. Ces circonstances, rapprochées de ce fait que l'une des clefs de l'appartement avait disparu l'avant-veille, indiquaient que le crime n'avait pu être commis que par une personne habitant la maison.

« Quant aux blessures de Mme Desvallières, elles étaient heureusement légères. Cependant, elles avaient été produites par un instrument tranchant, manié avec violence et avec vigueur.

« Les plus actives recherches furent immédiatement faites. Elles restèrent tout d'abord infructueuses, et plusieurs jours s'étaient écoulés déjà, lorsque certains indices dirigèrent les soupçons sur l'accusé.

« Joseph Bernard, âgé de dix-huit ans, fils du concierge de la maison, avait des allures et un caractère bizarres. Son imagination était surexcitée par la lecture de certains livres et des feuilletons de journaux. On l'avait entendu, à plusieurs reprises, manifester devant les gens de service ou les voisins, qui s'étaient contentés d'en rire et de lui imposer silence, des sentiments empreints d'une passion exaltée pour la jeune Mlle Georgina Desvallières. On en vint à penser qu'il pouvait avoir eu l'idée d'assassiner la mère afin de pénétrer librement dans la chambre de la fille, pour donner satisfaction à ses luxurieuses convoitises.

« Interrogé le 14 avril, sept jours après le crime, il répondit qu'il était en effet l'auteur de l'agression dont Mme Desvallières avait été victime; mais il déclara qu'il était irresponsable, et, dans un récit dont l'habileté suffirait à prouver sa responsabilité, il raconta qu'il avait été conduit à commettre cet acte par une voix mystérieuse, à laquelle sa volonté n'avait pu le soustraire. Cette voix l'avait appelé pendant son sommeil; il s'était levé pour répondre à son appel.

« Entraîné par une force irrésistible, il avait ouvert la porte du deuxième étage, avait pris un couteau dans la salle à manger, était allé le présenter à Mme Desvallières qu'il avait inconsciemment blessée; puis, sous l'empire de la même hallucination, il était allé se recoucher, et n'avait gardé aucun souvenir jusqu'au moment où on l'avait interrogé, en lui rappelant certaines circonstances du crime.

« Enfin, jamais personne n'avait été témoin d'un de ces accès de somnambulisme qu'il invoquait, ou n'avait su qu'il fût sujet à ces accès.

« M. le docteur Lasègue, chargé d'examiner son état mental, a conclu à sa responsabilité, et l'accusé, comprenant lui-même qu'il ne pourrait soutenir son système de défense, s'est décidé à faire des aveux partiels.

« Il reconnaît que, dans le but d'arriver jusqu'à

la chambre de Mlle Desvallières, il s'est emparé le
4 avril d'une des clefs de l'appartement ; que, dans
la nuit du 6 au 7 avril, il s'est introduit dans
cet appartement, et qu'il a, volontairement, porté
à Mme Desvallières le coup qui a produit la bles-
sure ; mais il prétend, d'une part, qu'il voulait
simplement étourdir cette dame, lui faire perdre
connaissance, et non pas la tuer. D'autre part,
il allègue que cette idée ne lui est venue que
lorsqu'il s'est trouvé dans l'appartement, et qu'alors
il a pris dans la salle à manger un couteau dont il
s'est servi pour frapper.

« Ce système est inadmissible et démenti par
tous les éléments de l'information. L'accusé, qui,
depuis longtemps, projetait d'arriver jusqu'à Mlle Desvallières, savait que Mme Desvallières couchait auprès
de sa fille. Il avait, par conséquent, arrêté les moyens
d'exécution à employer pour atteindre son but
obscène ; et ces moyens ne pouvaient être que ceux
qui tendraient à enlever tout secours à la jeune fille.
Or, la mort de la mère pouvait seule assurer le
succès de sa criminelle entreprise. Donc, il a voulu
cette mort, et il l'a préméditée comme il a tenté de
la donner. »

Après la lecture de ce document, M. le président
Hua procède à l'interrogatoire de l'accusé.

Le jeune Bernard n'avait pas d'autre emploi que
d'aider ses parents et de faire des commissions, soit

pour eux, soit pour la famille Legouvé. Il étudiait. Il lisait beaucoup. M. le président énumère les titres des ouvrages qu'on a trouvés chez lui, en insistant particulièrement sur les romans et les poésies. C'est ainsi que ce malheureux s'est monté l'imagination et en est arrivé à s'éprendre de la petite-fille de son propriétaire.

Après ce préambule, M. le président passe tout de suite au fait dont l'accusé a à répondre aujourd'hui.

D. Quand vous êtes-vous emparé de la clef?

R. Deux jours avant.

D. A quelle heure êtes-vous entré dans la chambre de Mme Desvallières, la nuit du 6 au 7 avril?

R. A quatre heures du matin.

D. Vous êtes d'abord allé à la chambre de la jeune fille?

R. Oui, monsieur, mais l'idée m'est venue alors de frapper Mme Desvallières.

D. Pourquoi?

R. Pour n'être pas dérangé par elle.

D. Avec quelle arme?

R. Avec un couteau que j'ai pris dans l'office.

M. le président fait passer aux jurés le couteau en question, qui est un grand couteau à découper, avec manche en ivoire.

D. Il faisait nuit. Comment avez-vous trouvé l'endroit où il fallait frapper pour accomplir votre projet?

R. En tâtant.

D. Le coup a glissé en arrière de l'épaule ; s'il avait porté quelques centimètres plus près, comme il était violent, Mme Desvallières eût été tuée. Était-ce votre intention !

R. Je voulais seulement lui faire perdre connaissance.

D. Qu'avez-vous fait ensuite ?

R. Je me suis en allé, de peur d'être pris.

D. Oui ; mais vous avez eu le sang-froid de remettre tout en place, notamment le couteau. Ceci a paru étrange. On a cru d'abord que c'était avec un rasoir que le coup avait été porté. En effet, vous avez, quatre jours auparavant, fait repasser un rasoir. Pourquoi ?

D. Pour me faire raser.

D. Dites-nous ce que vous êtes devenu après votre faute ?

R. J'ai regardé s'il y avait de la lumière chez madame, et je suis allé me coucher.

D. Vous avez laissé peser des soupçons sur d'autres, sur des domestiques de la maison.

R. Je ne m'en souviens pas.

D. Quand on en est arrivé à vous, vous avez bien avoué, mais en prétendant que vous aviez agi dans un accès de somnambulisme. C'était faux ?

R. Oui, monsieur.

D. Pourquoi cette invention ?

R. Pour tromper.

D. Reconnaissez-vous maintenant avoir dit à quelqu'un que vous en vouliez à Mme Desvallières ?

R. Oui.

D. Vous auriez donc eu un double but, faire disparaître l'obstacle qui s'opposait à vos desseins, et faire du mal à une personne que vous n'aimiez pas ? (L'accusé ne répond pas.) Vous repentez-vous de ce que vous avez fait ?

L'accusé (tranquillement). — Oui, monsieur.

Bernard avoue aujourd'hui tout ce dont on l'accuse, y compris la préméditation. Est-ce sincérité ? Est-ce stupidité ? Il nous est difficile de le dire. En tout cas, la tâche de Me Bouchot nous semble très pénible, et nous ne voyons pas trop ce qu'il pourra, malgré son talent bien connu, répondre à M. l'avocat général Coffenhal-Laprade.

M. le président donne lecture du rapport de M. le docteur Lasègue, concluant à la responsabilité.

On entend ensuite Mme Desvallières et M. Legouvé, qui n'apportent aucun élément nouveau d'appréciation aux débats.

L'audience continue et Bernard, par suite de l'admission des circonstances atténuantes, est condamné à huit ans de travaux forcés.

CHAPITRE III

L'argot des malfaiteurs.

ASSISES DE LA SEINE (1865).

M. le président Haton de la Goupillière. — Accusé, aussitôt l'horloger dévalisé, vous avez porté, soit au mont-de-piété, soit chez un recéleur, les *toquantes*, comme vous dites ?

— Mon président, vous ne savez pas *dévider le jars*, vous êtes vieux jeu, plus dans le train. Nous disons maintenant qu'une montre est, suivant sa dimension, un *bob* ou un *bobineau*. *Toquante* n'est plus usité.

Le président. — Messieurs les jurés apprécieront.

D'après le *Sottisier de Voltaire* (1778), et d'après Gille (1825), les gueux et les voleurs, ont un argot ; mais quel état n'a pas le sien ?

Le langage des gueux et des filous n'est intelligible qu'entre eux. Il n'est si mince état qui n'ait son argot particulier ; si l'on remonte vers les rangs supérieurs de l'état social, on verra que l'opulence, comme la pauvreté, le vice, comme la probité, ont leur argot distinct.

Les Bohémiens, Romanichels (1), Zingaris, Gita-

(1) *Mémoires* de Canler.

nos, parcourent, avec un itinéraire connu d'eux seuls, le monde entier ; ils s'arrêtent dans les villes, les campagnes, les marchés, les foires, pour y faire des dupes.

Leurs allures sont celles de marchands nomades ; ils voyagent en bandes, avec femmes, enfants, sans avoir l'air de se connaître. Les femmes, coiffées de madras, vont de porte en porte offrir des toiles, des étoffes. Elles étudient ainsi les localités, les habitations, en indiquent les issues, l'état, le luxe et prêtent assistance à leurs complices en cas d'arrestation. Quelquefois les Bohémiens endorment leurs victimes d'avance désignées, en jetant dans les aliments ou la boisson des narcotiques, notamment du datura stramonium.

Les paysans s'en défient, les redoutent toujours.

L'argot vient de la langue lalo (1), parlée par les Bohémiens, Brundgari, Tzigues, Zingari, Gypsis, Romanichels :

Le bourreau du bagne est le *boye*, de l'italien *boya*.
L'exécuteur est le *tollard*.
Le maître est le *meg* ; Dieu, le *meg des megs*.
Le *radam* est la prière.
Les années des *berges*.
Les chauffeurs étaient des *suageurs*.

(1) Lorédan Larchey, *Dictionnaire d'argot et supplément ;* Dentu, éditeur. — Delvau, *Dictionnaire de la langue verte.* — Denis Poulot, *le Sublime.* — L. Rigaud, *Dictionnaire d'argot moderne.*

Chiffon rouge, la langue.
Tour de Babel, Chambre des députés.
Four banal, l'omnibus.
Toquante, bob, bobineau, montre.
La harpe, barreaux de prison.
Négresse, paquet de marchandises sous toile cirée.
Pante, victime, imbécile.

Dans l'argot des malfaiteurs :

Casserole, révélateur.
Guinche, bal.
Mac, Alphonse.
Tricoter des pincettes, danser.
Tronche, figure.
Farguer, farder.
Mirette, œil.
Gerber, arrêter.
Au dur, en prison.
Gerbes, années.
Saper, arrêter.
Fliques, agents.
Marques, mois.
Dégringolage, raccrochage.
Bistro, marchand de vins.
Frangin, ami.
Luire, joli.
Maquillant les brêmes, jouant aux cartes.
Thune, galtouze, argent.
Turbiner, travailler.
Gonzesse, fille.
Linguer, frapper.
Claque, hôpital.
Pelot, liquette, vêtement.
Secouer marron, arrêter.
Tric-trac, crime.

Devant la giace, tribunal.

Dab, maître.

Boucler la lourde, fermer la porte.

Plombe, fermeture, minuit, heure.

La piaule, maison.

Broquille, minute.

Se bâcher, coucher.

Poignée de salsifis, coups de poing.

Gambetter, sauter.

Ma Louis XV et sa vitrine, maîtresse et ses bijoux.

Allez chez faldès, partager.

Aller à Niort, nier.

Allumer la quitourne, éclairer la fenêtre.

Baver des clignots, pleurer.

Se tirer chez la blafarde, mourir.

Bougie, monnaie de cinq francs.

Mouton (vache, casseroleur, casseur de sucre), révélateur

Bridaukel, chaîne de montre.

Barbotage, chatouiller un roupilleur, voleur au poivrier.

Bitume, persil, trimard, crottard, trottoir.

Singe, patron.

Le grand zablo, soleil.

Les joyeux, soldats d'infanterie légère d'Afrique.

Mouflonner dans le son, guillotiner.

Buteur d'Ursule, assassin de servante.

Sans dos, tabouret des condamnés (1).

Batteur de dig-dig, sabouleux, faux épileptique.

Quart-d'œil, commissaire de police.

Faire le barbot, voler.

Léon ou Anatole, président des assises.

(1) Le tabouret de la Morgue, sur lequel on place les criminels, en confrontation, a sa légende. (Voir le beau livre : *Paris qui souffre*, dû à la plume savante et émue de M. Adolphe Guillot, juge d'instruction, à Paris, fonctions qu'il remplit, avec tant d'autorité, que l'on n'ose pas encore l'y enlever, même pour un avancement mérité, par de si longs services.)

Gendarme, marchand de chambres.
L'Abbaye de Monte à regret de Saint-Pierre, guillotine.
Des 18 souliers, deux fois neuf.
Planche au pain, banc des prévenus.
Rouscailler bigon, parler argot.

Vidocq, disait que les faiseurs, les Robert-Macaire de son temps, prenaient, à Paris, plus de 70 millions . sur la bourse des naïfs bourgeois.

Les souteneurs classent ainsi leurs femmes :
Une largue qui afflue un *demi-sac* (500 francs), par jour, est une *lolège* ; pour une *livre* (100 francs), c'est une *Louis XV ;* pour trois *naps* (louis), c'est une *margot ;* pour deux *signes* (louis), c'est une *blioteuse* ; pour deux *roues* (10 francs), une *marmite ;* pour une *thune* (5 francs), une *garce* ; pour trois *sornettes* (francs), une *rempardeuse ;* pour quarante *ronds*, une *pierreuse ;* pour vingt, une *pontonnière*.

L'interrogatoire de Beauvillers est intéressant à méditer (1) :

J'ai 23 ans, je suis garçon boucher. Ma première affaire a été de prendre 4,000 francs, mangés en quatre mois, remboursés par mon père qui m'a fait mettre à la Roquette.

(1) *Figaro* (4 août 1873). C'est, comme on dit, une histoire vraie et racontée sans ornements ni apprêts.
Albert Bataille. *Causes criminelles et mondaines.*
Lorédan Larchey. *Dictionnaire d'argot* et son savant supplément (1880-1887). DENTU, éditeur.
Delvau. *Dictionnaire de la langue verte.*
Rigaud. *Dictionnaire d'argot moderne.*
Denis Poulot. *Le Sublime.*

17 ans. — Fait l'étalage.

18 ans. — La rade et la condition, premier sape-ment de six mois.

19 ans. — Fait les logements, passage Drouot, chantage de 1,800 fr.

20 ans. — Poissé avec un gigot fourqué, deuxième sapement.

Fait les trois brêmes, pendant six mois, réussi.

Pris un mignon dans une maison, rapportant 250 francs par mois. Par jalousie, la met sur le tur-bin, elle parlait français, auvergnat, anglais, allemand, apprenait de moi l'argot.

Pendant six mois, gagneuse d'argent, gros comme elle. Malade à St-Lazare. De mon côté, rebectage, plus de femme, goipe, paillasson.

21 ans. — Rangé des voitures. Dansé dans les quadrilles grotesques aux concerts des Champs-Élysées ou aux Porcherons (5 francs par soir).

Arrêté en flagrant délit de vol, nanti de bijoux, avec complice porteur de pince-monseigneur. Va en vain à Niort.

Le voleur joint à la ruse, force, agilité, persévérance combinées.

L'assassin, calme après le crime. Le parricide Boutillier passe une bonne nuit près du cadavre de sa mère !

Castex et son complice Lémon, âgé de 16 ans seulement, étranglent, après l'avoir souillé, un enfant de trois ans !

Faire le grand soulasse, c'est l'assassinat et le vol.

Piednoir fut condamné, pour nombreux vols commis de 1834 à 1845, par contumace, à vingt ans de travaux forcés et se réfugia en Hollande.

Les familles juives des Nathan, des Blum, des Klein, des Cerf, des Lévy, ont, par l'audace de leurs vols et de leurs recels, lassé la police et la justice.

Les vols *à la détourne et à l'étalage* se commettent dans l'intérieur ou à l'extérieur des magasins (1).

Les vols *à la rade, à la vrille*, sont pratiqués par des gamins, qui se faufilent dans les boutiques pour enlever la caisse ou les marchandises.

Les *carrieurs* ont pour spécialité le vol des diamants, du papier, des bijoux chez les joailliers.

Les *roulotiers* dévalisent les camions ou les voitures de maître ou de places, qui stationnent.

On connaît par leur nom même les vols à *l'esbrouffe*, au *bibi*, à la *broquille*, au *rendez-moi*, à la *ramastique*, à la *vattrine* (par un faux commissionnaire, à la tire, chez les restaurateurs); à la *lanterne* (par la lucarne, le vasistas), qui sont des variétés réservées à la basse pègre.

Les *cambrioleurs* dévalisent les chambres de domestiques, comme était Jadin.

(1) Gustave Macé. *Un joli monde.* CHARPENTIER, éditeur.

Le *caroubleur* vole avec fausses clefs (*bande Char-pentier, assises de la Seine*). L'un d'eux dévalisa le cabinet de M. Henry, chef du service de la sûreté, sorti un instant.

Le *roulotier en cambrouse* (en campagne) opère la nuit aux rayons de la *moucharde*. Tel fut Thibert, qui, de voleur des grands chemins, pour éviter l'écha-faud, se fit loqueur (*dénonciateur*) (1). Il fut envoyé subir sa peine à Belle-Isle.

Le *scionneur* étrangle sa victime avec un linge ou une peau d'anguille (2).

Les vendeurs mystérieux de tant de photographies obscènes sont des *polkas*.

Les *drogueurs* ou *franc-bourgeois* sont des men-diants.

Les chineurs offrent, à bas prix, des marchan-dises volées ou défraîchies.

Le vol à l'américaine est organisé par plusieurs compères, dont l'un fait l'Anglais, demandant à échanger de l'or à perte, contre de l'argent. Ils laissent dans les mains de leur victime des rouleaux de cuivre ou des *billets de la Sainte-Farce*.

Le *vol au poivrier* a lieu sur les ivrognes en-dormis.

(1) En 1843 et 1844, Paris était dévasté par des bandes hardies, dont la révélation seule brisa la puissante et occulte organisa-tion.

(2) C'est le *coup du père François*, bien connu dans la pratique des rôdeurs de nuit.

Le *vol à la tire* a lieu dans les foules. Dans ses mémoires, Gisquet raconte que le 15 octobre 1835, Mimi Lepreuil, dont la police exigeait le départ de la place de la Bourse, répondit aux agents : « Laissez-moi donc tranquille ici ; avec vos républicains, j'ai fouillé plus de 500 poches et je n'ai pas trouvé un sol (1) ! »

Lacenaire, Poulmann, Firon, Soufflard, Jud, Tropmann, sont des escarpes.

Les nourrisseurs sont ceux qui indiquent et préparent les coups à faire sur tel ou tel lieu, dans telle maison de commerce. La Cité, aujourd'hui remplacée par de larges rues et des boulevards, a été le théâtre des *Mystères de Paris* décrits si hardiment par Eugène Sue.

Dans le quartier Mouffetard, aux barrières, on trouve des cabarets à la nuit, des bibines, des bals, où se réunissent les malfaiteurs, à l'enseigne des *Pieds humides*.

Les détenus *au secret* (2), dans les prisons cellulaires comme à Mazas et ailleurs, communiquent en se parlant par les tuyaux des calorifères ou des fosses d'aisance, ou bien se passent des queues de cerises, irrégulièrement coupées de diverses longueurs, ou bien par des coups frappés.

(1) Que les temps sont changés ! Les pick-pockets opèrent avec fruit, 1887.

(2) *Dictionnaire d'argot*, par le savant et modeste bibliothécaire de l'Arsenal, Lorédan Larchey. DENTU éditeur.

Ainsi, 178 coups sont frappés avec 17 repos, qui veulent dire à un co-détenu de chercher des outils cachés dans le préau à tel endroit :

19 — 15 — 21 — 19 — 12 — 1 — 18 — 2 — 18 — 5
S — O — U — S — L — A — R — B — R — E
1 — 7 — 1 — 21 — 3 — 8 — 5
A — G — A — U — C — H — E

C'est là une téléphonie qui n'a besoin ni d'appareils préparés ni de cabine, pour le public, comme dans nos bureaux de postes.

CHAPITRE IV

Attitude des prévenus devant la justice.

> Eux, goûtant dans le crime une tranquille paix,
> Savent se faire un front qui ne rougit jamais.

La tenue des accusés, leur âge, le sexe surtout, ont; sur les juges, de l'influence.

Ainsi le jury est plus sévère pour les accusés illettrés que pour les accusés instruits(1) ; souvent, ces derniers sont des gens d'affaires retors, des financiers banqueroutiers, dont les comptabilités sont difficiles à comprendre pour le jury, comme il est maintenant composé.

Les accusés illettrés commettent des crimes contre

(1) Est-ce la faute des défenseurs?

Est-ce le résultat de la suppression des résumés ?

Poser la question ce n'est pas ici la résoudre, comme on dit parfois dans un exorde embarrassé?

Sur 123 vagabonds arrêtés au Point-du-Jour, le 22 mars dernier, 72 ont été renvoyés le même jour, bien qu'ils fussent sans aucun moyen d'existence.

Les agents, les magistrats, avec une persévérance digne d'un meilleur résultat, continuent par devoir ce travail renouvelé de Pénélope et du tonneau des Danaïdes.

les personnes, aggravés encore par les circonstances mêmes de la perpétration.

Sur 3,368 accusations soumises au jury, 2,395 ont été admises ; enfin, 559 ont été rejetées (17 0/0).

Pour les hommes, le chiffre proportionnel des acquittements est de 19 0/0 ; il s'élève à 35 0/0 pour les femmes ; il s'abaisse pour les mineurs, mais remonte à 22 0/0 pour ceux qui ont de 40 à 60 ans et 27 0/0 pour ceux qui ont dépassé ce dernier âge.

De 18 0/0 pour les accusés entièrement illettrés, il est de 22 0/0 pour ceux qui savent lire et écrire, et atteint 34 pour 0/0 à l'égard de ceux ayant reçu une instruction supérieure.

Les femmes sont accueillies avec une indulgence systématique pour les crimes d'avortement et d'infanticide ; les hommes sont souvent des récidivistes poursuivis pour vols ou attentats à la pudeur.

Pour l'avortement, presque toujours acquittement de la femme enceinte ; souvent pour les auteurs du crime, difficile à établir médicalement.

L'appareil de la justice n'intimide (1) plus ; la sellette est devenue un tréteau, un piédestal (2).

---

(1) Dans l'affaire Pranzini (assises de la Seine), M. Goron, sous-chef de la sûreté, recherche vainement en Allemagne un nommé Geissler, vagabond allemand, qui était dans les prisons de Paris.

Ce qui prouve l'urgente nécessité de faire fonctionner sous un même contrôle les services des garnis, des mœurs, des recherches, de la sûreté, des prisons.

(2) *Les tribunaux comiques. Le bureau du commissaire de police*, par Jules Moinaux.

Jaume, inspecteur, recherche en vain le Poncet inventé par Barbier, à l'instar de l'Anatole de Marchandon.

Les accusés aux abois inventent des *bateaux*, comme ils disent dans leur langage.

M. Banaston, avocat général, demande au jury d'assurer, par un verdict sans faiblesse, la sécurité de Paris sans cesse compromise par les attentats les plus audacieux.

Le jury répond par une condamnation à mort, mais Barbier est gracié bientôt (1886. Cour d'assises de la Seine.)

Le 16 Août 1872, à Paris, l'accusé Lermine, moins blanc que son nom, prévenu de 47 vols qualifiés et de coups à sa mère, comparaît en cour d'assises.

M. le président. — Accusé, vos nom et prénoms ?

— Auguste Lermine.

— Votre âge ?

— M.... (*Murmures dans l'auditoire.*)

M. le président. — Accusé, dans votre intérêt, je vous invite à la circonspection.

« Vous avez peut-être été victime d'habitudes grossières ou d'un mouvement irréfléchi. Magistrats, nous voulons bien oublier cet outrage, qui ne saurait d'ailleurs nous atteindre.

« Veillez sur vous désormais ; votre défenseur va vous conseiller, c'est dans votre intérêt que je parle ainsi. »

4.

L'audience, suspendue pendant un quart d'heure, est ouverte de nouveau.

M. le président. — Messieurs les jurés, la loi m'oblige à constater l'identité de l'accusé, je reprends l'interrogatoire.

— Accusé, vos nom et prénoms ?

— M...., m...

Lermine est, pour cet outrage, condamné à dix ans de prison (1).

« Messieurs les jurés, dit Charles Lemaire, vous me devez la mort, car il n'est pas moral qu'un enfant de dix-huit ans tienne en échec la justice de son pays.

« L'échafaud est la pierre de touche de tous les courages ; arrachez-moi donc un frisson de douleur, à défaut d'une parole de repentir.

« Castex et d'autres êtres dégradés, à cette même place, ont été condamnés à mort ; par votre indulgence, ne me mettez pas au-dessous d'eux. » (Charles Lemaire, accusé d'assassinat ; assises de la Seine, présidence de M. Dubarle.)

Dans cette cause restée célèbre, le jury, malgré l'éloquente plaidoirie d'un jeune et regretté défenseur, Me Collin de Verdière, bien plus ému que son client, prononça la peine de mort, qui reçut son exécution.

---

(1) Un député, qui est, en même temps, avocat a demandé que les outrages commis à l'audience n'y eussent pas leur immédiate répression.

Est-il utile de dire que cette proposition n'a pas encore été convertie en article de loi ?

Une grande affluence de public, parmi lequel on a remarqué MM. Victorien Sardou et Claretie, qui avaient suivi les débats, et dont les impressions ont été publiées, entourait l'échafaud.

Le cadavre, immédiatement transporté à l'École de médecine, fut soumis à l'examen des professeurs et des élèves.

Le cerveau fut pesé, son poids égalait celui des hommes de génie. Au reste, les savantes recherches faites sur les fonctions du cerveau par Gratiolet, Claude Bernard, Brown-Séquard, Sappey, Mathieu, Luys, démontrent que l'intelligence est développée sur la substance grise de l'encéphale et non par la boîte osseuse qui la protège seulement à l'extérieur.

— Ainsi, Abadie, vous déclarez que vous vous êtes moqué de la justice? demande-t-on à un accusé.

— Parfaitement, monsieur le président !

(Cour d'assises de la Seine, audience et session d'août 1880. Présidence de M. Anatole Bérard des Glageux.)

A chaque audience, les magistrats sont insultés par les inculpés, comme obéissant à un mot d'ordre donné dans les prisons, dont ils désirent changer.

Ducret, le jeune assassin de Mme Chauvillier, rue Bergère, à Paris (1887), récemment condamné aux travaux forcés à perpétuité par la cour d'assises de la Seine, répond au président, l'interpellant, s'il avait quelque chose à ajouter pour sa défense :

— Oui, je tiens à dire que, si un seul juré était capable de m'accorder des circonstances atténuantes, ce serait un lâche !

Le condamné a été, bien entendu, trop heureux de profiter de cette indulgence.

La cour d'assises de l'Aisne a, le 26 mai, prononcé la peine de mort contre Dermy (Pierre), 36 ans, condamné déjà *douze fois pour vol et coups*, plus une condamnation en *sept années de réclusion* prononcée par un conseil de guerre.

Sorti, après sa libération de la maison centrale de Loos, le 26 décembre 1886, Dermy assassina, le 9 janvier 1887, Mme Poidevin, à Jussy, qui lui avait donné l'hospitalité.

Arrêté immédiatement par les voisins, qui lui annonçaient qu'il serait guillottiné, il répondait qu'il ne craignait rien et serait gracié par le président de la République. Telle est l'appréciation pleine d'espoir des malfaiteurs.

On disait de Henri IV, à cause de sa poule au pot, sans doute : *Le seul roi dont le peuple ait gardé la mémoire.* Chacun, même parmi les gouvernants, fait, en ce monde, la figure qu'il peut.

CHAPITRE V

Les crimes impunis.

Raro antecedentem scelestum
Deseruit pœna, pede claudo.

*Relevé des crimes commis à Paris pendant ces
derniers temps :*

Le 3 septembre 1886, Hertner Ausch tire quatre
coups de revolver sur sa femme.

Le 4, Désiré Vion tranche la tête de sa femme.

Le 5, Léon Driguet assomme à coups de marteau
son père adoptif, frappe sa mère à coups de couteau
et se jette par la fenêtre.

Le 7, le gendarme Cabis tue Albert Dufeutrelle.

Le soir même, deux ouvriers italiens sont mor
tellement blessés par des ouvriers autrichiens.

Le 8, Marius Blanc tranche la tête d'une femme et
se tue ensuite.

Le 8, M. D... blesse à coups de revolver le docteur R...

Le 11, un typographe blesse à coups de revolver
un de ses collègues.

Le 12, gare de l'Est, encore le revolver. Pellet blesse une fille et l'individu qui l'accompagne.

Le même jour, un individu frappe d'un coup de couteau le nommé Jean Satigot, attablé près de lui chez un marchand de vin.

Les crimes impunis. — Il n'est pas hors d'à-propos de donner la nomenclature des crimes qui, depuis près de dix ans, sont restés impunis.

Nous nous bornerons à ne parler que de ceux commis dans Paris et la banlieue, avec leur date :

1° Mai 1873, assassinat de la veuve Pélissier, marchande à la toilette, rue Blondel.

2° Mars 1876, assassinat d'un vieillard, rue Debelleyme.

3° Novembre 1876, assassinat de la veuve Plet, à Antony, près Sceaux.

4° Février 1877, assassinat et viol d'une femme dans la plaine de Gennevilliers.

5° Mai 1877, assassinat de la veuve Lachaud, rue du Faubourg-Saint-Antoine.

6° Mars 1878, assassinat de Marie Fellrath, passage Saulnier.

7° Avril 1878, assassinat de Théret, cultivateur à Bobigny.

8° Mai 1878, assassinat de la veuve Joubert, rue Fontaine-Saint-Georges.

9° Juin 1878, assassinat de l'inspecteur de police

Delabre, dans l'exercice de ses fonctions, à la Villette.

10° Février 1879, assassinat de la crémière de la
rue du Pont-aux-Choux.

11° Mai 1879, assassinat de la veuve Guiton, épi-
cière, rue de Sèvres.

12° Juillet 1879, assassinat du pharmacien La-
grange et de sa bonne, place Beauveau. (L'introu-
vable Walder.)

13° Mai 1881, assassinat de Boucher, rue du Gaz.

14° Août 1881, assassinat de Nocus, boulevard
Saint-Germain.

Nous n'avons pas besoin d'ajouter que tous ces
assassinats étaient précédés ou suivis de vols.

Faut-il déduire de cette triste nomenclature d'assassins introuvables que la police est mal faite ou
inintelligente? Ce serait une bien grave erreur.

Les agents de la sûreté, s'ils ont à leur tête un chef
d'une haute capacité et d'un flair très grand, mar-
chent comme un seul homme, et les nombreuses
arrestations qu'ils opèrent tous les jours, et dont on
semble ne leur tenir aucun compte, prouvent de
quoi ils sont capables.

27 juillet 1886. — Un Italien, resté inconnu, a
commis un double assassinat à Noisy-le-Sec.

2 août. — Rue du Vertbois, n° 76, on trouve, dans
l'allée, le cadavre d'une enfant assassinée.

5 août. — Dans le quartier de Montrouge, on

trouve les fragments dépecés et épars d'une femme, dont le meurtrier est vainement recherché.

19 novembre. — La fille Berthe Sentin est assassinée par son amant Gavello, qui est vainement recherché.

L'année 1887 présente (le 18 mars), le triple assassinat de la rue Montaigne, établi contre Pranzini.

J'en passe, et des meilleurs.

A Paris, car la province est une quantité négligeable, le 14 janvier 1886, Mme Leplaige, rue Beaubourg, 97, est assassinée. Son meurtrier demeure inconnu.

15 janvier 1886. — M. Barème, préfet de l'Eure, est assassiné sur la ligne de l'Ouest. L'assassin demeure de plus en plus inconnu du parquet de Versailles.

17 janvier. — On cherche le meurtrier de Marie Aguettan.

12 mars. — M. Riollet, distillateur, rue de la Gaité, à Grenelle, est tué dans sa boutique. L'assassin n'est pas arrêté encore.

15 mars. — Deltrieu, charbonnier, 44, rue Pigalle, est blessé d'un coup de revolver, tiré par une main inconnue.

29 avril. — Augustine Cassin est tuée par son amant, Cassard, que l'on n'a pas encore retrouvé.

En France, les attentats commis dans les chemins de fer, depuis 25 ans, sont au nombre de 22 . 15 de

ces crimes (assassinats ou tentatives d'assassinats),
ont été commis en 1re classe, 3 en 2e classe, 1 en
3e classe; 11 ont été commis dans les trains express,
4 en train omnibus; 8 fois le train était muni
d'appareil avertisseur; une seule fois cet appareil a
servi.

La communication des wagons est réclamée comme
en Amérique.

En Allemagne, l'on voyage très peu (si l'on n'est
roi ou duc) dans les 1res classes.

Dans l'affaire Barrème (1886), le préfet est tué
d'un coup de revolver, entre Rosny et Mantes, en
chemin de fer de l'Ouest. Le coupable, protégé soit par
intérêt privé ou politique, soit de famille même, n'a
pas été sérieusement recherché.

Affaire André, à Melun (21 mai 1886). Assassinat
du cocher Maison, près de la station de Longueville
(Me Demange, défenseur). Travaux forcés à perpétuité.

L'affaire Pel (1885). Travaux forcés à perpétuité.

L'affaire Renard (9 Juin 1886), entre Viroflay et
Versailles, sur M. Colomb, gardien du palais de Versailles. Condamné à mort, est de suite gracié par le
président Grévy, qui, lui, voyage très peu.

Une tentative d'assassinat, à Bordeaux, sur l'ingénieur de Montgolfier, en chemin de fer (1887),
dont les résultats, d'après l'instruction ouverte, ne
donnent que les indications qui suivent, d'après les
journaux de la Gironde.

Le drame en chemin de fer. — On nous écrit de
Bordeaux, le 12 juin : Voilà déjà cinq jours que cette
affaire — que le télégraphe a signalée dès le premier moment — a jeté l'émotion dans notre ville,
et le mystère qui l'enveloppe est encore loin d'être
éclairci. Un seul fait est certain : c'est que M. de
Montgolfier, ingénieur, frère du directeur des acié-
ries de Givors, a été violemment frappé par un
nommé Blancher, au moment où le train de lundi
soir passait sous le premier tunnel de Lormont, à
l'aide, non pas d'un, mais de deux coups-de-poing
américains (tous deux viennent d'être retrouvés dans
l'herbe du remblai) passés dans la même main ;
mais on ne sait rien encore de positif sur les causes
réelles du drame.

Dès l'abord, tout semblait indiquer qu'on était en
face d'un individu à bout de ressources, qui voulait
tuer pour voler. Mais, d'une part, Blancher soutient
avoir été attaqué à la suite d'une discussion futile et
s'être trouvé dans le cas de légitime défense ; il n'a
pas encore été possible de le faire dévier un instant
de ce système. D'autre part, M. de Montgolfier, qui,
malgré ses vingt-trois blessures, est maintenant,
grâce à la vigueur de sa constitution, à peu près
hors d'affaire, dit avoir été brusquement assailli,
mais ne donne aucun éclaircissement sur les motifs
probables de cette attaque.

Blancher avait d'abord pris un billet de seconde

classe, puis, moyennant un supplément, il monta
dans un wagon de première, où il se trouva seul
avec sa victime. Ceci semblerait bien indiquer la
préméditation; mais, d'un autre côté, pendant qu'on
transportait M. de Montgolfier dans une hôtellerie de
la Grave-d'Ambarès, Blancher aurait eu le temps et
les moyens de s'enfuir cent fois plutôt qu'une. Il ne
l'a même pas tenté. Pourquoi?

Bien des personnes seraient tentées de voir dans
tout cela une affaire de jalousie, de vengeance personnelle : Mme Blancher est fort jolie et ne passe pas
pour une vertu farouche.

Mais Blancher, de son côté, a une maîtresse qu'il
a dû, faute de ressources, laisser à Bagnères-de-
Bigorre. On a saisi un certain nombre de lettres de
cette femme demandant de l'argent pour venir re-
joindre son amant à Bordeaux; or, l'amant, quand
on l'a arrêté, ne possédait pour toutes ressources
que 13 francs et quelques centimes.

En ce moment, la femme de Blancher est à Bordeaux; le procureur de la république de Bagnières-
de-Bigorre va interroger sa maîtresse en vertu d'une
commission rogatoire. Quand on aura les dépositions
des deux femmes, on interrogera de nouveau Blancher, et on espère alors tirer de lui quelque éclaircissement définitif.

Cette affaire remet en lumière la question — tant
discutée lors de l'assassinat Barrême — de la sécu-

rité des voyageurs en chemin de fer. Il n'est pas
toujours facile, lorsqu'on est attaqué dans un
wagon, de faire jouer la sonnette d'alarme, et même
quand on y parvient, on n'est pas certain du tout
d'être secouru à temps. Ainsi, n'est-ce pas miracle
que M. de Montgolfier, étourdi par les coups qu'il
avait reçus, aveuglé de sang, roulé sur le plancher
du wagon par son agresseur qui continuait à le
frapper à terre, ait eu la force incroyable de rejeter
son assassin de côté pour se relever, de faire jouer
le bouton d'alarme, de briser, tout en luttant, une
des glaces pour ouvrir la portière et finalement de
fuir, en se traînant sur le marchepied extérieur
jusqu'au wagon suivant où il tomba évanoui (1)?

Et ce miracle accompli, le signale d'alarme aperçu
du chef du train, on a fait encore quatre cents mètres
avant de pouvoir s'arrêter ; c'est-à-dire qu'en dépit
de l'appel de la victime, si cette dernière n'avait
accompli le tour de force que je viens de citer, l'assassin aurait eu dix fois le temps de terminer sa
sinistre besogne avant qu'on vînt le déranger. Il est
vrai que cela aurait toujours servi à le faire prendre ;
mais ce n'est pas suffisant.

Les moyens d'assurer la sécurité en chemin de fer
ne sont décidément pas encore trouvés, et les inven-

---

(1) Sur les réquisitions du procureur général Alphandéry, la
cour d'assises vient de condamner Blancher à 8 années de travaux forcés, par suite de l'admission de circonstances atténuantes.

teurs peuvent continuer leurs recherches.

64,112 affaires (29 0/0) sont abandonnées, parce que les auteurs n'ont pu être découverts.

7,620 (ou 3 0/0) parce que les charges relevées contre les auteurs n'ont pu être suffisantes pour les convaincre.

Les crimes avérés restant impunis forment le tiers du total (32 0/0).

La proportion des acquittements est de 3 0/0 devant les tribunaux de simple police ;

De 6 0/0 devant les tribunaux correctionnels ;

De 27 0/0 devant le jury. La répression est donc d'autant moin énergique que les faits plus graves sont frappés de peines plus sévères.

Nous sommes bien loin de la doctrine, alors acceptée, des anciens criminalistes, qui proclamaient que, dans les crimes les plus atroces, les plus légères conjectures suffisent.

Maintenant, avec six voix contre six voix, c'est l'acquittement de l'accusé. Les bulletins blancs, trop fréquents encore, sont comptés en faveur du prévenu (1).

(1) *Nos bons jurés*, par FABRICE CARRÉ et FERRIER (Variétés. — Décembre 1887.)

CHAPITRE VI

L'alcoolisme et les cabarets.

L'alcoolisme s'observe surtout dans les pays froids, où la température, les travaux pénibles, réclament l'emploi, dégénérant souvent en abus, de spiritueux, d'où résultent des accidents nerveux.
(*Expériences du Dr DUJARDIN-BAUMETZ.*)

Socrate, cet homme discret,
Que tout le monde révère,
Allait dîner au cabaret
Quand sa femme était en colère.
PANARD.

Le billard d'autrefois. — Le dernier match de billard a appelé de nouveau l'attention sur ce jeu, qui autrefois était exclusivement réservé aux seigneurs de la cour. Charles IX aimait beaucoup cet exercice et il possédait le seul billard qui existât en France à cette époque ; il faisait partie du mobilier de la couronne.

Louis XIV fut un joueur enragé quoiqu'il fût d'une maladresse extrême, et son ministre Chamillard, qui fut aussi son professeur, ne put jamais parvenir à le lui apprendre. Le billard du grand roi était énorme. Il était en marbre avec les bandes sèches ; on jouait avec un attirail fort compliqué.

Les procédés ont été inventés par Chamillard,

l'effet rétrograde par Mingo, l'effet à droite et à
gauche par Sauret. Paysan créa la série. Ce jour-là,
le jeu fut complet ; il était arrivé au point de perfec-
tion où il est aujourd'hui.

En 1740, il y avait vingt billards à Paris ; en
1793, on en comptait deux cents. La première République supprima l'appellation de jeu noble que
l'on donnait au billard. En 1815, le nombre s'élevait
à dix-huit cents. Aujourd'hui on ne les compte
plus.

C'est vers 1682 que ce jeu commença à se répandre dans les provinces, notamment en Normandie, et c'est le Havre qui fut le berceau des estami-
nets. A cette époque, un nommé Patrix fut autorisé
à ouvrir un billard en payant à la ville un droit de
cent trente livres par an. Quelques années après, il
fut importé dans la basse Normandie.

Au dix-huitième siècle, dans ces contrées, on faisait
payer les frais de la manière suivante : la partie ordinaire, qui se composait de seize points, se payait
six deniers au jour et cinq sous à la chandelle. Un
marqueur ou expert-juré proclamait à haute voix la
valeur des coups ; ses décisions faisaient loi, et nul
joueur ne pouvait s'y soustraire.

Généralement les personnes qui tenaient billard ne
pouvaient être ni cafetier, ni cabaretier, ni au-
bergiste, ni donner à boire et à manger, en province
toutefois.

En janvier 1630, Bassompierre acheta le château de Chaillot et la reine-mère Marie de Médicis en fit à l'acquéreur d'étranges compliments :

— Hé ! Pourquoi donc avez-vous acheté cette maison ? C'est une maison de bouteilles !

— Madame, je suis Allemand.

— Mais ce n'est pas être à la campagne, c'est le faubourg de Paris.

— Madame, j'aime tant Paris que je ne voudrais jamais en sortir.

— Mais ce n'est bon qu'à y mener des garces.

— Madame, j'y en mènerai.

Tallemant des Réaux.

C'est à la *Westminster Review* que nous empruntons les prix que le vin de Bordeaux a atteints depuis le moyen âge sur les marchés anglais.

Pendant les vingt-six premières années du treizième siècle, les vins de Bordeaux se vendent sur les marchés de Bristol et de Londres, de 22 à 60 fr. la barrique d'environ 280 litres, sans aucune régularité dans la hausse et la baisse des cours qui paraissent avoir varié suivant les facilités du commerce ou le caprice des marchands. Les prix les plus ordinaires étaient de 37 à 62 francs la barrique, et lorsque le vin était à 27 francs, le roi Jean fixa le prix de vente au détail à 60 centimes le gallon de 4 litres et demi pour le vin rouge et à 80 centimes pour le vin blanc...

En 1309, Édouard II défendit aux taverniers de vendre les vins de première qualité au-dessus de 50 cen-

times et les vins de qualité inférieure au-dessus de
30 et de 20 centimes le gallon. Nouveau tarif en
1542, le prix des vins de Gascogne et du Rhin est
fixé à 60 centimes le gallon et le prix des vins de la
Rochelle à 40 centimes. Au jubilé de Canterbury,
en 1420, où cent mille personnes vinrent en pèleri-
nage au tombeau de Thomas Becket, on trouvait en
abondance du vin de Gascogne à 80 centimes la bouteille de vin rouge et à 60 centimes la bouteille de vin
blanc.

Ces prix paraissent, au premier abord, extrêmement modérés, mais ils deviennent respectables
quand on tient compte de l'énorme accroissement
de la valeur relative de l'argent depuis le quinzième
siècle.

Fortement ébranlé à partir de 1453, le commerce
du port de Bordeaux avec l'Angleterre reçut un coup
mortel au traité de Methuen. Aux termes de cette
convention qui fut conclue en 1703, entre l'Angleterre et le Portugal, les vins français furent frappés
sur le territoire britannique d'un droit d'entrée de
1,250 francs le tonneau de 1,180 litres, tandis que le
porto n'eut à payer que 525 francs. Les exportations de
Bordeaux dans la Grande - Bretagne tombèrent à
1,000 tonneaux par an, en même temps que celles de
l'Espagne et du Portugal s'élevaient à 20,000. Fort
heureusement cette éclipse ne devait pas être éternelle ;
les Anglais du dix-neuvième siècle sont revenus au

goût de leurs aïeux et ont remis en honneur le culte du « claret ».

L'ordonnance de police du 6 novembre 1758, non abrogée par l'ordonnance du 19 septembre 1861, toujours en vigueur, permettrait d'atteindre les logeurs et les gérants des 250 brasseries employant 1,200 femmes.

— Aux termes de l'ordonnance de police du 3 novembre 1819 les marchands de vins devaient fermer à Paris leurs établissements *à onze heures du soir;* mais cette limite a été, par une ordonnance du 28 juin 1879, fixée *à deux heures du matin;* tout pour le crime.

Un écrivain hardi proposait de forcer les cafetiers à tenir leurs maisons ouvertes sans interruption, jour et nuit, c'étaient alors de véritables enfers.

Noctes atque dies patet atri janua Ditis.

Les arrêtés préfectoraux portant règlement sur la police des cafés et cabarets, et dont un exemplaire doit être affiché dans chaque établissement de détail, manquent d'uniformité, en ce qui concerne les prescriptions susceptibles d'amener des procès-verbaux et, par conséquent, des poursuites contre les contrevenants.

C'est ce qui résulte de l'opinion exprimée par un certain nombre de procureurs generaux et des difficultés qu'ils signalent dans la répression régulière des contraventions.

En effet, les tribunaux sont tenus, en conformité d'un arrêt de la Cour de cassation du 5 juin 1886, de distinguer entre la défense, qui est faite par l'arrêté administratif au débitant de servir à boire après l'heure de la fermeture, et la disposition qui interdit, par un texte sujet aux équivoques, de consommer après l'heure prescrite.

Dans tel département, l'arrêté préfectoral ne vise que les débitants ; dans tel autre, la formule ci-dessus ne permet pas de les poursuivre. Il arrive, dès lors, que des procès-verbaux de la police locale ou de la gendarmerie sont annulés ou restent sans suite, parce que leurs auteurs ignorent ou ne peuvent évidemment se préoccuper de la jurisprudence établie par l'arrêt de la cour suprême.

Or, ces procès-verbaux, non suivis de répression, prennent, dans les petites localités, les caractères de mesures vexatoires vis-à-vis du public ; et c'est pour éviter cet inconvénient, comme aussi des frais inutiles, que les parquets réclament, avec raison, de l'intervention du garde des sceaux auprès du ministre de l'intérieur, l'adoption d'un texte uniforme et très précis pour les arrêtés des préfets sur la matière.

Le nombre des contraventions de simple police est subordonné au plus ou moins de tolérance des autorités locales plutôt qu'à l'état moral des habitants.

Les augmentations ou les diminutions, que signale
la statistique, ne peuvent donc se prêter à des appréciations d'ordre philosophique, car elles n'impliquent
pas chez leurs auteurs d'intention criminelle. On
doit les constater sans les commenter.

De 1876 à 1885 il a été jugé 3,883,519 contraventions comprenant 3,653,942 inculpés. Le chiffre
est descendu de 420,736 affaires, 313,112 inculpés
et de 384,350, à 467,147 en 1885 (1).

— Il est question de prendre des mesures sévères
pour prévenir et réprimer les excès de l'ivrognerie
en 1876, et la fréquentation des cabarets (2).

Les détails qui suivent font connaître les époques
auxquelles il a été appliqué des règlements tendant
à empêcher la population parisienne de se livrer à
l'ivrognerie et enjoignant aux cabaretiers de ne pas
recevoir les personnes ivres.

D'abord, au treizième siècle, les marchands de vin
ne pouvaient donner à boire chez eux. Leurs maisons étaient entourées de grilles et leurs portes toujours fermées. On servait les pratiques par un *judas*
percé dans la porte.

En 1350, le roi Jean prescrivit aux marchands de
vin de « ne point mesler de deux vins ensemble, sur
peine de perdre le vin. »

---

(1) Rapport sur l'administration de la justice en France et en
Algérie (1881-1885).

(2) *Les Métiers de Paris.* (Leroux, éditeur, 28, rue Bonaparte.)

En 1397, le prévôt de Paris fait une ordonnance
qui défend aux gens de métier de fréquenter les cabarets les jours ouvrables, et aux cabaretiers de les
recevoir.

A cette époque, du reste, le cabaret était peu fré-
quenté, par suite de la facilité qu'on avait d'acheter
du vin, que l'on faisait crier dans les rues, comme
aujourd'hui le coco et la limonade.

En 1560 et 1579, diverses ordonnances défendent
aux individus domiciliés, qui sont mariés et ont mé-
nage, d'aller boire et manger ès tavernes et cabarets.

Sous François Ier et sous Charles IX pourtant, on
se relâcha bientôt de cette sévérité. Tout le monde
tient à honneur de fréquenter le cabaret. Le roi de
France lui-même, accompagné de ses courtisans, ne
dédaigne pas de fréquenter, la nuit, les tavernes voisines du Pré-aux-Clercs.

Sous Louis XIV, les seigneurs et les gens du monde
vont diner et souper au cabaret; et sous Louis XV,
les roués de la Régence, les marquis et les petits
abbés musqués se réunissent chez le cabaretier en
vogue de la rue Saint-Germain-des-Prés.

Ces fâcheuses habitudes se modifient sous Louis
XVI ; les cabarets tendent à disparaître et font place
aux cafés et restaurants.

On voit cependant qu'à Paris, en 1724, en 1727,
en 1776 et en 1791, des ordonnances font défense

de fréquenter les cabarets pendant la nuit et pendant
le service divin. Alors ces lieux publics devaient être
fermés à huit heures en hiver et à dix heures en été.

Les règlements et ordonnances actuellement en
vigueur sont de 1810. Les cabarets, cafés, estami-
nets, billards, guinguettes et autres lieux ouverts au
public doivent être fermés, dans la ville de Paris,
pendant toute l'année, à onze heures précises du soir.

Mais ces prescriptions sont généralement tombées
en désuétude. Les cafés, restaurants et marchands
de vin restent ouverts, on le sait, jusqu'à minuit et
au delà ; un certain nombre est autorisé même
à rester ouverts toute la nuit (1), dans le quartier
des Halles.

On remarque, eu égard à la population, 10 *con-*
traventions pour 1,000 *habitants.*

Cette moyenne, donnée pour Paris, est plus forte
à Toulouse, 16 *pour* 1,000 *habitants.*

Nantes.................	17
Saint-Etienne............	18
Lille.....	22
Roubaix................	22
Lyon...................	25
Marseille........	49
Bordeaux........	53
Le Havre..............	54
Rouen	83

(1) A Paris (1886), sur 727 échantillons de vin analysés par le
laboratoire municipal, 223 étaient bons, 117 plâtrés au delà de
2ᵉʳ5, étaient aigris, 20 contenaient de l'acide salicylique.

Dans ces deux dernières villes, l'ivresse réprimée explique l'élévation des contraventions ; de même, à Brest, où, avec une population de 70,000 habitants, on relève de 5 à 6,000 contraventions par an, soit de 30 à 80 pour 1,000 habitants.

L'ivresse publique entre dans le nombre total pour 31 %. (Loi du 23 janvier 1873. — *Comptes de justice criminelle.*)

Les bières allemandes contiennent de l'acide salicylique, produit dangereux pour l'économie animale, d'après la faculté de médecine de Paris.

Les Allemands ont exporté, en moyenne par an, 1,606,522 quintaux (*le quintal est à peu près l'hectolitre*).

Par suite des constatations du laboratoire municipal à l'entrée de Paris et dans les entrepôts, l'exportation a baissé de 20 %.

Ce n'est pas seulement chez les débitants de liquides que les recherches, constatations devraient être faites et les poursuites dirigées, mais surtout contre les producteurs, expéditeurs, comme le fait (1), avec une juste sévérité, le parquet de la Cour de Lyon, dans son ressort.

---

(1) En 1820, la consommation d'alcool, en France, était de 1 litre 12 par tête ; plus de 12 litres par homme adulte, tel est le chiffre de 1885. Dans 7 départements, elle va de 7 litres à 13, ce qui fait penser que chaque adulte y consomme par an de 40 à 50 litres. Par an, 2.600.000 fr. sont ainsi prélevés sur la main-d'œuvre

Voici un document qui date de la Restauration (1) :

DÉPARTEMENT DE L'ISÈRE. — POLICE MUNICIPALE.

Autorisation de manger, boire et prendre son café sans payer.

(Extrait des registres de délibérations de la commune du Grand-Lemps.)

« Le maire du Grand-Lemps, vu les articles 1131 et 1133 du Code civil, portant que tout pacte illicite ne donne point lieu à l'action en payement, par ces motifs,

« Arrête :

« Que tous les buveurs qui se trouveront dans les cafés et auberges, les dimanches et les fêtes, aux heures de la messe paroissiale et à celles de vêpres, sont autorisés à se retirer *sans payer* les dépenses qu'ils auront faites.

« Fait en Mairie, le 1ᵉʳ janvier 1817.

« *Signé :* FALATIEU, maire. »

(Articles du Code sur lesquels s'appuie M. le maire.)

Art. 1131. L'obligation sans cause ou sur une fausse cause ou sur une cause illicite ne peut avoir aucun effet.

(1) *Les contraventions à Londres.* (LÉVY, éditeur.)

Art. 1133. La cause est illicite quand elle est prohibée par la loi ; quand elle est contraire aux bonnes mœurs et à l'intérêt public.

(Titre III. *Des contrats et des obligations conventuelles en général.*)

Ce Falatieu devançait et dépassait la loi sur l'ivresse publique, en conciliant la messe obligatoire avec la consommation gratuite !

En France, la population ouvrière dépense, en petits verres d'alcool, 1 milliard 600 millions de francs, représentant 4 millions d'hectolitres d'eau-de-vie, à 4 francs le litre (1).

En 1875, on comptait 342,000 débits de boissons ; aujourd'hui il y en a 400,000, soit 1 débit pour 94 habitants.

Dans le département du Nord, on compte un débit pour 29 électeurs. L'ouvrier, en se rendant à son atelier, rencontre tous les cent mètres un comptoir où il laisse sa paye et sa santé.

Dès l'aube, on s'offre, sur le zinc, chez le mastroquet voisin, la goutte d'eau-de-vie, on prend un canon, du rhum, de l'absinthe, du bitter, du vin, de

---

(1) Autrefois, quand les cabarets étaient fermés, par mesure administrative, le ministre des finances réclamait auprès de son collègue du département de l'intérieur pour lui signaler la décroissance regrettable de l'impôt.

Maintenant, la profession de débitant de boissons est libre, on ne peut agir qu'en vertu de pénalités corporelles et pécuniaires, remises à la magistrature.

la bière, du cidre. On ne veut pas s'en aller sur une jambe.

Le rapport présenté au Sénat par M. Claude (des Vosges) a produit une impression profonde. Il serait même question de publier ce document pour le distribuer dans les usines, écoles et autres établissements.

L'alcool de grain, de betterave, de raisin, tel qu'il est aujourd'hui livré à la consommation, est un véritable poison.

Le pays perd le meilleur de son épargne (deux milliards par an) et, ce qui est pire, il est atteint dans ses forces vives.

Les jeunes générations sont étiolées dans leur fleur et compromises à l'origine par l'empoisonnement lent de l'alcool.

Des licences sont réparties, chaque année, en Angleterre (1), pour les maîtres d'hôtel, cabaretiers, restaurateurs, débitants de bière et de cidre. (Acte 2 de Georges IV, 15 juillet 1828.)

En cas de troubles, émeutes, scènes de débauches, les débits pourront être fermés par ordonnance de justice, et les contrevenants seront arrêtés pour être statué ce que de droit (2).

---

(1) M. le docteur Bouchard, lecture à l'Académie de médecine. *Le surmenage intellectuel.* (Rapport de M. Brouardel, doyen de la Faculté de medecine).

(2) *Des contraventions à Londres.* (Michel LÉVY, éditeur, 1860.)

Les débits de boissons seront ouverts de *quatre heures du matin à dix heures du soir*.

Les dimanches et fêtes, ils seront fermés de *dix heures du matin à une heure de l'après-midi*, et ensuite de *trois heures à cinq heures du soir*.

Il est interdit aux débitants de permettre, *sous peine d'amendes graduées et interdiction temporaire*, l'ivresse ou la débauche dans leurs établissements.

Il leur est aussi interdit, sous peine d'amende, de frelater, sophistiquer, à l'aide de drogues, ingrédients, les boissons par eux vendues.

Pour obtenir une licence de débitant de bière, cidre, poiré en détail, il faut être habitant, propriétaire d'une maison imposée pour 15 livres sterling au moins. (Actes 3 et 4, Victoria. Chap. 61, 7 août 1840.)

Les restaurateurs autorisés ne devront pas ouvrir leurs établissements pour la vente d'aucuns comestibles, à moins qu'il ne survienne un voyageur voulant dîner. (Acte 2, Victoria. 14 août 1844.)

Les éthérisés. — Paul de Richemond, après ses études finies, en 1870, s'abandonna tout à coup à l'ivresse par l'éther sulfurique.

Sous cette influence désastreuse, il eut des accès de délire furieux.

Cette ivresse dure plusieurs jours ; quand elle est

passée, il reprend possession de son intelligence.

Placé dans des asiles d'aliénés, il s'en est évadé.
M. le docteur Legrand du Saulle le regarde, après
examen, comme atteint de folie.

Pourvu d'abord d'un conseil judiciaire, M. Paul de
Richemond a été, sur la demande de ses sœurs, déclaré interdit (1).

Déjà, nous avions les fumeurs d'opium, les buveurs d'absinthe, les morphinomanes ; voici maintenant l'ivresse de l'éther, qui mène aussi à la folie.

Les anesthésiques fréquemment usités comprennent : *l'éther, le chloroforme, le protoxyde
d'azote.*

Beaucoup de femmes, en France, en Allemagne
surtout, se pratiquent des piqûres de morphine,
cherchant dans cette dangereuse habitude, de volup-
tueuses excitations.

Le résultat le plus fréquent est souvent la folie,
que les aliénistes rencontrent en elles, dans leur
clientèle ou dans les asiles et les hospices.

Le jeu des bonneteurs. — Ce jeu de filou se joue

---

(1) 1. Leçons sur les anesthésiques et sur l'asphyxie, par CL. BER-
NARD. (Paris, 1875.)

II. De l'emploi de l'acide sulfurique et du chloroforme, par
E. SIMONIN. (1879.)

III. Traité d'anesthésie chirurgicale, par F.-B. ROTTEVSTEIN.
(Paris, 1880.)

IV. Des contre-indications a l'anesthésie chirurgicale, par
H. L'URET. (1880.)

avec trois cartes fortement huilées. Le bonneteur —
ou bonneteau — les montre d'abord aux *pantres*, en
indiquant quelle est la gagnante. Puis il en prend
une dans la main gauche, les deux autres dans la
main droite, les montre encore à la galerie, et cela
fait, il les place sur la table.

— Voyez, messieurs, suivez bien le mouvement.
C'est le roi de trèfle qui gagne. Voyez où il passe.

Mais on a beau regarder, on se trompe toujours.
Ainsi, on jurerait parfois que le roi de trèfle est au
milieu. Eh bien! non; il est à droite ou à gauche.
Le bonneteur, en posant les trois cartes sur la table,
embrouille très adroitement les parieurs. C'est là
tout son talent.

Ce jeu n'exige qu'une adresse spéciale. On peut
être très maladroit de ses mains et faire néanmoins
un redoutable bonneteur. Les individus lourds, pe-
sants, avec de grosses mains rouges, ayant l'air de
maladroits, bêtas, sont les bonneteurs les plus dangereux.

Nous en avons vu un dans une foire du Midi,
dont l'adresse était prodigieuse. Voici un de ses
tours :

A un moment donné, il posait les trois cartes sur la
table et se détournait machinalement, distraitement,
pour bourrer une pipe. Alors un compère prenait dé-
licatement la carte gagnante et y faisait une petite
corne, au vu et su de tous les assistants.

— Mille tonnerres ! s'écriait-il ensuite, faites-moi encore le coup.

Le bonneteur, sans paraître avoir remarqué la corne de la carte gagnante, refaisait le coup,

—Voyez, messieurs, c'est le roi de trèfle qui gagne! Voyez où il passe !

Le coup fini :

— Ne touchez plus aux cartes, exclamait le compère ; je parie cinquante francs.

La marque faite au roi de trèfle était visible, et chacun se disait :

— Ce coup-ci, c'est gagné sûr. Le joueur ne s'est aperçu de rien.

Et l'argent de tomber sur la table.

— Je parie deux louis ; je parie trois louis. Moi, je mets cent francs.

Le bonneteur, impassible, se contentait de répondre :

— Je tiens tout !

Puis un des parieurs levait triomphalement la carte marquée... Hélas ! ce n'était pas le roi de trèfle!

Le bonneteur avait trouvé le moyen d'effacer la marque du roi de trèfle et de *corner* une autre carte.

Nous devons ajouter que tous les bonneteurs ne sont pas de cette force.

Les jeux de Monaco. — M. Eugène Pelletan a déposé, sur le bureau du Sénat, une pétition de divers habitants de Nice et du littoral réclamant la suppression des jeux de Monaco (février 1882).

Voici le texte de cette pétition :

« Messieurs les sénateurs,

« Les soussignés, citoyens français habitant ce littoral et étrangers appartenant à diverses nations, résidants ou hôtes temporaires des stations d'hiver des bords français de la Méditerranée, ont l'honneur de vous soumettre respectueusement ce qui suit :

« Les jeux publics établis dans la principauté de Monaco, enclave de la France, sont devenus un foyer de corruption, un centre d'influences malsaines, dont la déplorable action se fait de plus en plus sentir.

« Leur proximité n'est pas seulement funeste à ceux qui les fréquentent et qui y trouvent d'ordinaire la ruine, souvent le déshonneur et la mort.

« Elle n'est pas seulement nuisible, au plus haut degré, aux populations de Monaco et des villes environnantes, tant sous le rapport moral que sous le rapport matériel. Elle est également nuisible et dangereuse pour les nombreuses familles paisibles de toute nation qui viennent dans ces parages, pendant l'hiver, chercher pour quelqu'un des leurs la santé et le repos.

« Les jeux de Monaco attirent et retiennent dans les villes voisines de Monaco tout un peuple de corrompus, tarés, hommes et femmes, vivant du vice et s'efforçant par tous les moyens de le propager.

« Les lieux publics, les promenades publiques, en sont remplis. Non seulement ce monde interlope étale partout le scandale de son luxe et de sa corruption, chassant, par sa présence, ceux qui ne voudraient pas être confondus avec lui, mais encore il s'applique activement à entraîner la jeunesse étrangère dans la débauche et dans la ruine, rendant ainsi véritablement dangereuse, pour les hôtes de la France, l'hospitalité que celle-ci leur accorde si libéralement.

« Par ces motifs, les soussignés viennent vous prier de porter votre attention sur le mal grandissant qu'ils vous signalent, et de rechercher les moyens d'y porter remède.

« Persuadés que la France, comme toute nation, a le droit de se défendre elle-même contre un voisinage dangereux ; qu'elle a en outre des droits historiques d'intervention dans la principauté ; que le caractère d'*enclave* de cette principauté crée à celle-ci des obligations et à la France des droits que ni l'une ni l'autre ne sauraient négliger ; que les traités conclus par la France avec la principauté, et qui sont comme la condition même de l'existence de ce petit État, la mettent à la merci de la France, à qui il suffirait de les dénoncer ou de la simple menace de les dénoncer pour exercer sur le prince de Monaco une influence décisive.

« Les soussignés prennent la respectueuse liberté d'appeler la sérieuse attention du Sénat ou de la Chambre et du gouvernement français sur la nécessité de prendre les mesures opportunes pour faire cesser le scandale et les dangers des jeux publics de la principauté de Monaco. »

Inutile de dire que cette pétition, toute platonique, inspirée par *la Cagnotte* de Labiche, ne devra avoir aucune suite sérieuse.

Plus sérieuse est l'*affaire Lipski*. — Lipski, le jeune juif polonais condamné à mort pour avoir donné la mort à sa coreligionnaire, Miriam Angel, est décidément l'homme du jour à Londres, comme Pranzini l'a été pendant quelque temps à Paris. La reine avait consenti à faire différer son exécution de huit jours, pour permettre au ministre de l'intérieur d'élucider l'affaire, qui n'est pas absolument des plus claires.

Aujourd'hui, les adversaires de la peine de mort, ou simplement ceux qui ne croient pas à la culpabilité de Lipski, s'agitent de plus en plus, pour que ce jeune homme soit définitivement gracié. Ils allèguent diverses circonstances mystérieuses pour qu'on lui accorde au moins le bénéfice du doute. Lipski est malingre ; la jeune et belle Mme Miriam Angel était trop grande et trop forte, dit-on, pour avoir succombé dans une lutte contre ce jeune homme. On fait encore remarquer qu'il faut encore plus de puissance physique pour faire avaler du poison à une personne qui résiste que pour la tuer à coups de couteau. Tandis qu'un pharmacien reconnaît avec hésitation Lipski pour l'homme auquel il a vendu la fiole d'acide nitrique trouvée dans la chambre de Miriam, un autre pharmacien dit aujourd'hui: « Cette fiole sort de chez moi, et je l'ai vendue à un israélite qui ne ressemble nullement au condamné. » Enfin, vous savez que, d'après la version de Lipski lui-même, le crime a été commis par deux individus (juifs polonais également), qui, le rencontrant dans l'escalier près de l'appartement de Miriam Angel, l'ont entraîné dans la chambre de celle-ci et ont essayé de l'empoisonner, lui aussi, pour se débarrasser d'un témoin gênant. Or, les deux individus en question ont paru au procès comme témoins à charge : mais, depuis lors, l'un d'eux a pris les allures les plus mystérieuses; l'autre a disparu, et on a appris qu'avant sa disparition, il s'était informé auprès de plusieurs personnes des moyens de passer en Amérique. Ces indices et d'autres encore inspirent à pas mal de gens la conviction que Lipski est victime d'une épouvantable erreur judiciaire et destiné à devenir aussi douleureusement célèbre, si on l'exécute, que le malheureux Lesurques, le martyr du « Courrier de Lyon ». L'avocat du condamné, M. Hayward, a fait des efforts désespérés pour sauver la

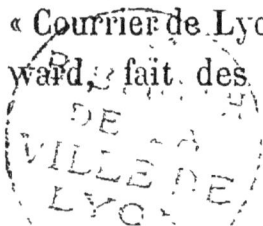

tête du jeune condamné. Plus de soixante-dix membres du Parlement ont signé une pétition au ministre de l'intérieur l'invitant à prolonger le sursis accordé au condamné pour examiner l'affaire à fond. Les journaux discutent le drame à perte de vue. Lipski est, en un mot, dans tous les esprits et dans toutes les bouches.

Cette agitation aura du moins eu l'avantage d'appeler l'attention sur certaines fâcheuses lacunes de notre code pénal. On demande qu'une sorte de cour d'appel, soit établie au criminel comme au civil, ou tout au moins qu'il soit formé une sorte de cour d'enquête qui repasserait au crible les débats des cours d'assises, après toute condamnation à mort, afin d'éviter des condamnations trop précipitées et de déplorables méprises. Le fait est que le bourreau va beaucoup trop vite en besogne dans notre pays, et que, s'il continue de la sorte, c'est lui qu'on finira par exécuter, je veux dire par supprimer, — bien entendu.

La condamnation de Lipski maintenue. — Malgré tout, Lipski est perdu. Il sera exécuté lundi. Le ministre de l'intérieur, M. Matthews, qui, dit-on, a fait preuve dans cette affaire d'une véritable férocité, probablement parce que l'avocat de Lipski a eu la maladresse de s'adresser à Dieu (c'est-à-dire à la reine) plutôt qu'à ses saints (c'est-à-dire au Home Office) pour obtenir la grâce du condamné, — le mi-

nistre de l'intérieur, dis-je, trouve que les nouveaux
renseignements recueillis sur l'affaire ne justifient
ni la grâce du condamné, ni l'ajournement de son
exécution. En conséquence Lipski sera pendu lundi à
Newgate. L'émotion causée par cette décision est immense. C'est décidément la cause de la peine de mort
qui se joue. Si Lipski est innocent, elle est abolie.

PENDAISON DE LIPSKI — SES AVEUX.
(A Londres, 22 août 1887.)

Les aveux de Lipski. — Le sursis accordé par la
reine pour prouver l'innocence de Lipski expirait
hier soir. L'attorney général avait invité M. Singer,
un des rabbins de Londres, à se rendre à la prison
de Newgate pour exhorter le détenu à faire des
aveux.

Lipski fit tout d'abord des réponses ambiguës;
puis, comme le rabbin lui représentait qu'il était
odieux de laisser planer des soupçons sur des innocents, il s'écria: « Oui, je suis seul coupable ! Que
Dieu me pardonne ! »

Il se mit à sangloter. Le gouverneur de la prison
entra en ce moment. Lipski fit le récit des circonstances dans lesquelles il avait commis le crime :

« Je ne veux pas mourir, a-t-il dit, avec un men-
songe sur mes lèvres. Je ne veux pas laisser d'autres
souffrir d'un soupçon pour mon péché. Je suis le
seul coupable de l'assassinat de Miriam Angel.

6.

« Je croyais que cette femme avait de l'argent dans sa chambre. J'y entrai, la porte étant fermée et la femme endormie. Je n'eus pas la pensée de la violer, et je jure que je ne me suis pas approché d'elle et ne lui ai fait aucun mal dans ce but.

« Miriam Angel s'éveilla avant que j'eusse eu le temps de découvrir l'argent ; elle se mit à crier, mais très faiblement. Je la frappai alors sur la tête, et la saisis par le cou, en lui appuyant les mains sur la bouche, afin que ses cris ne pussent éveiller l'attention de ceux qui étaient dans la maison.

« Il y a longtemps que j'étais las de la vie, et, ce matin là, j'avais acheté pour un penny d'eau-forte, avec l'intention bien arrêtée de mettre fin à mes jours. Je me rappelai tout à coup que j'avais le flacon dans ma poche ; je le pris et versai quelques gouttes de son contenu dans la bouche de Miriam Angel.

« Elle s'évanouit, et, me rendant compte de la terrible situation dans laquelle je me trouvais, je bus le restant du flacon. C'était un vieux flacon qui m'avait déjà servi précédemment, et celui-là même que j'avais pris avec moi en allant à la boutique. La quantité d'eau-forte que je bus ne me produisit aucun effet.

« Entendant des voix dans l'escalier, je me blottis sous le lit. La femme paraissait déjà être morte. Il ne s'était passé que bien peu de temps depuis mon entrée dans la chambre.

« L'agitation dans laquelle je me trouvais fit que je m'évanouis aussi, mais je ne sais pourquoi on m'a trouvé les mains écorchées.

« Quant à la porte qui était fermée à l'intérieur, c'est moi qui avais poussé le verrou afin de ne pas être dérangé.

« Je déclare formellement que Rosembloom et Schmitz ne savaient rien du crime, dont je suis le seul coupable, et je leur demande de me pardonner d'avoir, dans un moment de désespoir, essayé de faire croire à leur culpabilité. J'implore aussi pardon du malheureux mari.

« Je reconnais que j'ai été jugé régulièrement et je reconnais aussi que la sentence prononcée contre moi a été juste. Je remercie M. Hayward des efforts qu'il a faits en ma faveur, aussi bien que tous ceux qui se sont intéressés à moi pendant ces jours malheureux. »

Après avoir signé cette confession, recueillie par le rabbin, Lipski fit une prière et demanda à écrire à ses parents, qui habitent Varsovie.

Il dicta deux lettres, dont l'une était adressée à la mère de sa fiancée.

Le rabbin promit de faire parvenir ces lettres et d'acquitter quelques dettes très minimes, signalées par Lipski.

Des copies de la confession de Lipski ont été envoyées aussitôt au secrétaire de l'intérieur et à l'attorney général, qui décidèrent que l'exécution aurait lieu ce matin.

A la prison de Newgate. — Grâce à une autorisation spéciale, pénètrent, à sept heures du matin, à travers une foule compacte, quelques journalistes anglais, dans l'intérieur de la prison.

Il y a à Newgate deux cours-promenoirs distinctes : une pour les hommes et l'autre pour les femmes.

Elles sont reliées par un couloir à ciel ouvert. On se croirait dans une rue mauresque, ne laissant entrevoir qu'un petit ruban de ciel.

Les murailles sont formées de dalles posées perpendiculairement les unes sur les autres et ayant environ 80 centimètres de côté.

Sur ces dalles sont gravées des initiales et des dates dans le genre de celle-ci : M. B. 1835. A. H. 1873... Ces inscriptions correspondent aux noms des suppliciés, enterrés sous le pavé qui couvre ce couloir.

Ce couloir aboutit à une petite cour dans laquelle se trouve un hangar adossé au mur, ayant sur sa façade un grand vitrage, et dans lequel on entre par une petite porte.

Dans un autre coin de la cour, au milieu de laquelle existe un petit parterre planté d'arbres, s'élève un rez-de-chaussée, où sont renfermés le carcan et les planches destinés à coucher et à maintenir les prisonniers qui subissaient la peine du fouet.

C'est dans cette pièce que l'on infligeait aux détenus la peine du fouet de chat, dont les neuf lanières étaient terminées par une petite balle de plomb.

Le bois de justice se trouve dans le hangar de la petite cour. Figurez-vous ce qu'on appelle un portique de gymnastique, deux gros madriers parallèles, perpendiculaires au sol, surmontés d'un autre madrier transversal, auquel sont attachés quatre crochets, de telle sorte que, s'il y a exécution multiple, les trois ou quatre condamnés à morts peuvent être exécutés en même temps.

Le madrier transversal correspond exactement à une rainure placée sur le sol. C'est sur cette rainure qu'on place les pieds des suppliciés.

Au côté gauche du bois de justice se trouve, avec un contre-poids, un manche de fer ressemblant tout à fait à ceux employés pour faire tourner les disques des chemins de fer.

En abaissant ce contre-poids vers le sol, la rainure s'ouvre immédiatement et se divise en deux volets qui tombent sur charnière dans une fosse toute garnie de briques rouges, et au fond de laquelle se trouve un ruisseau arrosé d'eau vive. Cette fosse a deux mètres et demi de profondeur, sur un mètre cinquante de largeur.

L'envers des volets qui s'abattent contre les pa-

rois de ladite fosse sont doublés de tampons, ou
plutôt d'immenses traversins en laine, de façon à
assourdir le bruit que font les volets en tombant
contre les murs.

Malgré cette précaution, rien n'est sinistre comme
le bruit sourd que produisent ces volets en tombant.

L'exécution. — Le gouverneur de la prison de
Newgate, M. G.-T. Milman, et le greffier sont
montés au premier, où est la cellule de Lipski. Elle
est très spacieuse et contient trois lits. Le condamné,
qui ne porte pas la camisole de force, est prévenu
que l'arrêt va être exécuté.

Lipski, très pâle, a gardé tout son calme. Il a
déclaré à haute voix, que sa conscience lui avait
dicté les aveux faits la veille. Cette déclaration a été
consignée dans un procès-verbal.

Puis le rabbin, M. Singer, a été introduit. Lipski
a mis son chapeau, a récité le Schemah et a remercié
avec effusion le rabbin. Il l'a prié de consoler ses
parents et d'obtenir d'eux son pardon.

Le gouverneur demande à Lipski s'il désire dé-
jeuner. Il refuse et demande un verre d'eau.

Il se dirige soutenu par deux gardiens et suivi
par le gouverneur, le greffier en robe et en perruque,
le rabbin et enfin le bourreau et son aide, qui, depuis
le règne de la reine Victoria, ne portent plus de costume spécial. Une fois entré dans le hangar, on le

place sous le portique auquel pend à un des crochets la cordelette de chanvre grosse comme le pouce, et dont le nœud coulant est tout préparé.

Il dit adieu au ministre de la religion qui l'a assisté, serre la main au gouverneur de la prison.

Le bourreau lui met sur la tête un petit sac noir en laine et lui passe autour du cou la boucle préparée. Puis il s'éloigne du portique et, levant la main droite, donne sans proférer une parole, à son aide placé à la barre de fer, l'ordre de la baisser. Le plancher s'ouvre, avec le bruit sourd dont nous parlions tout à l'heure. Le corps tombe pesamment dans le vide de la fosse.

On constate quelques tressaillements qui durent quelques secondes. Justice est faite!

Suivant l'usage, le cadavre reste pendu pendant dix minutes.

Le gouverneur, le greffier et les personnes qui les ont accompagnés, se sont retirés.

Alors les terrassiers qui, la veille, avaient préparé la fosse dans le couloir qui sert de cimetière et l'avaient recouverte provisoirement d'une pierre, l'enlèvent.

L'aide-bourreau apporte une bière sans couvercle, décroche le pendu, le couche dans son cercueil. Mais, au préalable, un mouleur a pris le moulage de la tête. On met sur le cadavre le sac de laine noire et la corde qui ont servi à l'exécution.

Cette opération faite, la bière est descendue dans le trou préparé la veille, et recouverte immédiatement de chaux vive. Puis la pierre est remise en place et scellée.

Pendant que le fossoyeur fait cette opération, un ouvrier grave sur le mur les deux initiales du condamné et l'année de son supplice. Il y a Newgate la collection des bustes de tous les condamnés exécutés dans la prison.

C'est depuis le règne de la reine Victoria qu'on n'exécute plus les condamnés en public, devant la fameuse porte de Newgate, que l'on montre aux étrangers qui visitent Londres.

Un drapeau noir a été hissé au-dessus de cette porte, immédiatement après l'exécution de Lipski. Ce signal a été accueilli par des applaudissements et des cris bruyants. Des milliers de Londoniens et de Londoniennes se sont rendus, dès l'aube, sur la place de Newgate, pour saluer ce drapeau, qui attestait qu'un criminel venait d'expier son crime.

En France, la loi de 1791 édicte que la peine de mort n'existera que dans la perte de la vie, sans qu'il puisse être exercé aucune torture (1) sur le condamné. Cette disposition si humaine est aujourd'hui appliquée chez tous les peuples civilisés.

M. le Président de la République ayant récem-

_____

(1) *Pénalités anciennes* (PLON, éditeur).

ment commué la peine de mort, prononcée contre l'artilleur Brugère, pour avoir assassiné son lieutenant, M. Brugère, a reçu du père de la victime, receveur des contributions indirectes en retraite à Épinal, la lettre suivante :

Épinal, 20 août 1887.

Monsieur le Président,

Je lis, dans *la France militaire* du 17 courant que, par décision gracieuse du 27 juillet, vous commuez en travaux forcés à perpétuité la peine de mort prononcée contre l'artilleur Brugère, le 2 juin, par le deuxième conseil de guerre de Constantine, pour assassinat du sous-lieutenant Brugère, de la 2me batterie du 10e régiment d'artillerie. Aussi sage que ce journal, je m'abstiendrai de tous commentaires, parce qu'ils ne pourraient être que le reflet d'une juste indignation qu'explique, du reste, la profonde douleur que me cause la mort de mon malheureux fils, non seulement à moi, mais encore à la mère, « à la seconde victime ». Toutefois, Monsieur le Président, qu'il me soit permis de protester hautement et une fois de plus, contre le droit de grâce que vous tenez de la Constitution. Ce droit, qui vous place au-dessus de la loi, et qui vous permet de casser les arrêts de la justice, est exceptionnel, exorbitant, épouvantable. Il est immoral à mon sens, car il blesse la conscience publique, et, parfois, vous en faites trop facilement usage.

Veuillez agréer, Monsieur le Président, l'hommage de mon respect.

BRUGÈRE.

Par une décision gracieuse et inexplicable (1),

(1) Frédéric le Grand aimait que sous son règne on crût à la justice.

signée, le 3 octobre 1887, à Mont-sous-Vaudrey,
M. le Président Jules Grévy vient de commuer en
la peine des travaux forcés à perpétuité la condamnation à mort prononcée, après de longs débats (1), contre l'individu disant se nommer
Gillard.

Cette déplorable mesure a, comme tant d'autres,
produit, en France et à l'étranger, une regrettable
impression, mêlée de surprise et d'horreur ! La
victime, assassinée, violée et volée, était, on se le
rappelle, directrice des postes à Doullens.

(1) M. le conseiller Oudin présidait la cour, M. le procureur
général Méliot soutenait l'accusation, Me Faguelain présentait la
défense.

CHAPITRE VII

Prisons de Paris : Saint-Lazare. — La Conciergerie. — Le Dépôt de la Préfecture.

> Les prisons ne sont pas ce qu'un vain peuple pense.
>
> La prison, sans aucun commerce avec les hommes, est un supplice inventé par les tyrans.
>
> (VOLTAIRE, *Essai sur les mœurs*.)

Sous l'ancien régime, les prisons étaient considérées seulement comme des lieux de répression. Sauf le penseur Mabillon (*Œuvres posthumes*, p. 321, édition de 1724), nul ne s'inquiétait encore de l'amendement moral des détenus.

En 1788, John Howard signale, dans un livre éloquent et oublié, l'*État des Hôpitaux, Prisons et Maisons de force de France*.

Les terribles événements, déchaînés par la révolution de 1789, détournèrent les esprits de toutes préoccupations humanitaires.

Le bruit des armes comprimait les pensées, uniquement tournées vers la conquête ou la défense du sol.

Le Code de 1810 se borne à édicter des peines, sans se préoccuper de leur mode d'exécution.

Il appartenait au jurisconsulte américain Livingston (Edward), dans son *Exposition de Législation criminelle*, de signaler, comme incomplète et impuissante, toute codification qui ne poursuivrait pas, dans son ensemble, ce double but : la répression du crime et l'amélioration du coupable.

Au lendemain même de la Terreur, M. le duc de La Rochefoucault-Liancourt visite les prisons de Philadelphie (Paris, an IV), et ses études, discutées avec passion, se traduisent enfin dans la loi de 1843, préparée par de Beaumont, Tocqueville et Demetz.

Le comte de Jumillac était gouverneur de la Bastille en mai 1761.

Cet emploi le fixait à Paris, avec un traitement de 60,000 francs de rente.

C'était un ancien militaire, homme de plaisir, de politesse et de cour. Il tenait les prisonniers au courant des romans, des gazettes et des cancans de la capitale.

Dumouriez, dans ses *Mémoires*, se montre reconnaissant des bons traitements qu'il en a reçus.

En France, les établissements pénitentiaires sont placés sous l'autorité ou la surveillance du ministre de l'intérieur, du ministre de la marine, du ministre de la guerre, du gouverneur général de l'Algérie.

Le ministère de l'intérieur a dans ses attributions :

Les dépôts et chambres de sûreté ;

Les maisons d'arrêt, de justice et de correction ;

Les maisons centrales ;

Les colonies de jeunes détenus.

Le ministère de la marine a :

Les établissements situés à la Guyane et à la Nouvelle-Calédonie ;

Les lieux de déportation fixés par la loi du 23 mars 1872 ;

Les prisons spéciales pour les marins condamnés.

Le ministère de la guerre a :

1° Les ateliers des militaires condamnés ;

2° Les pénitenciers militaires ;

3° Les prisons militaires.

En Belgique, les prisons sont dénommées : *Maisons de sûreté civile et militaire.*

En Hollande, la maison militaire de Leyde est placée sous l'autorité du ministre de la justice. En Angleterre, le directeur des prisons est inspecteur général des prisons militaires ou civiles.

Les prisons sont placées sous l'autorité du ministre de la justice en Autriche, Belgique, duché de Bade, Bavière, Wurtemberg, Pays-Bas, Norvège, Suède, Danemark, Suisse.

Les prisons sont placées sous l'autorité du ministre de l'intérieur en Italie, au Mexique, en Russie, en Angleterre. En Prusse, les prisons préventives et maisons d'arrêt sont placées sous l'autorité du ministre de la justice; les maisons centrales dépendent du ministre de l'intérieur.

Le Rapport de M. Béranger à la Chambre des Pairs (1847) allait être consacré, quand la Révolution de 1848 et, plus tard, la guerre de 1870 empêchèrent l'administration d'adopter les bases durables que réclame toujours la réforme pénitentiaire.

Les questions financières durent passer avant les considérations philanthropiques, en les faisant reculer.

La brutalité des événements démontra que, si la liberté est favorable aux nobles préoccupations de l'esprit humain, les révolutions leur sont contraires.

Les libérés des prisons se sont jetés dans l'armée de la Commune (1871) pour en grossir les rangs et en accentuer les forfaits. (FRÉGIER : *les Classes dangereuses.* — PAUL CÈRE : *les Populations dangereuses et les Misères sociales.* — MAXIME DU CAMP : *les Convulsions de Paris.*)

Des statisticiens, comme Guerry et Quételet, ont pu dire que la part des prisons, des fers, de l'échafaud, semble fixée, pour les sociétés, avec la même certitude que les revenus de l'État.

Charles Lucas a aussi reconnu que, « dans la sphère de la criminalité, rien n'est l'œuvre du hasard; que partout les résultats s'harmonisent, se régularisent entre eux, comme l'expression incontestable des lois qui président au mouvement de l'humanité. »

La proportion entre les accusés des deux sexes varie de 80 à 85 0/0 pour les hommes, de 15 à 20 0/0 pour les femmes dans tous les pays, sauf en Russie, où elle s'abaisse à 10 0/0 pour les femmes, et en Suède, où elle s'élève au contraire à 30 0/0.

L'ignorance n'a sur la criminalité qu'une influence secondaire, relativement aux conditions générales de l'existence dont elle est l'indice.

Le chiffre des atteintes à la propriété s'élève ou s'abaisse suivant que le prix de l'hectolitre de blé augmente ou diminue.

Dépenses des Détenus.

Les prisons figurent au budget du ministère de l'intérieur (1875) pour.......... 21.800.300 fr. dans lequel figurent :

Le remboursement sur le travail des condamnés... 3.311.000 fr.

Frais de l'administration centrale   196.700 —

Inspections générales........   92.600 —

Le budget de la marine porte :

Prisons maritimes ....   143.760 —

Service colonial (transportation) 10.050.978 —

A *reporter* ..... 31.995.038 fr.

Report..... 31.995.038 fr.

Le budget de la guerre porte
une somme de............... 1.029.521 —
Prisons de l'Algérie.......... 1.099.100 —

Ce qui donne un total de ..... 33.979.899 fr.

d'où il convient de défalquer les recettes provenant
du :

Travail des détenus militaires. 430.000 fr.
—   des prisons
et pénitenciers civils........... 4.641.000 —
Travail des transportés à la
Guyane...................... 60.000 —

5.131.000 fr.

Donc, les détenus grèvent le budget d'une somme
annuelle qui varie de 28 à 29 millions !

Les établissements dépendant du ministère de
l'intérieur comprennent........ 48.975 détenus.
Ceux dépendant du ministère
de la marine................ 11.900 —
Ceux dépendant du ministère
de la guerre................ 4.200 —
Ceux dépendant du gouver-
neur de l'Algérie............ 2.312 —

67.387 détenus.

Le mouvement des entrées dans les établissements du ministère de l'intérieur s'élève à 355,752.

Le conseil supérieur des prisons s'est réuni au ministère de l'intérieur, sous la présidence de M. Schœlcher (1881).

Le conseil s'est préoccupé des peines qui sont applicables avec le régime cellulaire. Il a supprimé les peines compatibles seulement avec le régime de la détention commune, telles que la mise au piquet.

Il a remplacé ces peines par la privation des vivres supplémentaires, du vin, du tabac, etc..., par l'interdiction des correspondances et visites.

Il a admis le cachot et les fers pour les cas graves.

Le conseil s'est prononcé pour un système de fers qui est de beaucoup éloigné des anciens systèmes et qui se rapproche plutôt des menottes.

Au conseil municipal de Paris, M. Hamel, conseiller du quartier des Quinze-Vingts, dans le but de donner du travail aux ouvriers, propose de démolir la prison cellulaire de Mazas. Cette maison d'arrêt occupe une étendue de superficie totale de 33,650 mètres.

La construction a coûté *quatre millions cinq cent mille francs;* le terrain seul a été payé 935,000 francs.

Le terrain pourrait, aujourd'hui, être vendu par la Ville, qui a besoin de fonds, dix millions sept cent trente mille francs.

7.

On devrait, pour remplacer Mazas édifié en 1850, construire une autre prison au delà de l'enceinte des fortifications.

La deuxième session annuelle du Conseil supérieur des prisons, pour l'examen des diverses questions intéressant la construction des maisons cellulaires, la réglementation du régime de certains établissements, notamment de ceux qui sont affectés à l'éducation pénitentiaire des jeunes filles, la gestion des services économiques des prisons et le fonctionnement du travail des détenus, a été ouverte (1887).

Au début de la séance, M. Fallières, ministre de l'intérieur, qui présidait, a prononcé l'allocution suivante :

« Messieurs,

« A l'occasion de cette réunion plénière, qui inaugure la deuxième session annuelle du Conseil supérieur des prisons, je tenais à venir vous exprimer toute ma reconnaissance pour le précieux concours que vous donnez à mon administration, et à témoigner de mon dévouement à l'œuvre à laquelle vous voulez bien vous associer.

« Appelé deux fois au grand honneur de présider les travaux du Conseil supérieur, permettez-moi de constater les résultats obtenus depuis l'époque où il m'était donné, il y a quelques années, de faire appel à ses lumières.

« On peut dire que sa tâche s'est poursuivie sans discontinuer, et si la justice me fait une obligation de n'oublier personne dans l'accomplissement de l'œuvre commune, je sais que je réponds aux sentiments du Conseil en rendant hommage aux hommes éminents qui ont élaboré, dans vos commissions, avec tant de persévérance et de soins, les textes qui devaient être soumis à vos délibérations.

« Ainsi, — sous la présidence de notre infatigable et vénéré collègue M. Schœlcher, qu'on rencontre toujours le premier au devoir, le premier et le dernier à la peine, — a été préparé le règlement des maisons affectées à l'emprisonnement en commun, qui est devenu comme une sorte de code spécial.

« Ainsi se poursuit en silence, sans autre préoccupation que celle du bien public, l'étude du règlement des maisons laïques d'éducation pénitentiaire pour les jeunes filles et des dispositions qui assureront le fonctionnement des services économiques de cette catégorie d'établissements. La commission se chargera également de préparer le règlement d'administration publique destiné à déterminer les conditions de la mise en pratique actuellement expérimentée, du régime de la libération conditionnelle.

« Une autre série de règlements se référera à la situation des détenus condamnés pour faits politiques ou se rattachant à la politique, ainsi qu'au régime des établissements où sont subies les longues peines.

« Je n'insisterai pas davantage sur l'étendue de la tâche assignée aux membres de la deuxième commission.

« Je n'insisterai pas, non plus, sur le programme des questions que les deux autres commissions ont à examiner et dont il pourra, tout à l'heure, vous être fait un rapide exposé.

« J'ai voulu simplement marquer, en quelques mots, la gravité et la diversité de cette œuvre de rénovation pénitentiaire, qui fera honneur au Conseil supérieur.

« Ai-je besoin de le dire, le Conseil continuera à s'inspirer de toutes les idées de progrès. Il ne cessera de mettre au premier rang de ses préoccupations, avec le souci de la sécurité publique, la cause de l'humanité, le sort de ceux que frappe justement la loi pénale. Si la société a le droit de les contenir dans le mal, elle a aussi le devoir de tenter de les ramener au bien.

« Avant de terminer, Messieurs, je veux exprimer, en votre nom et au mien, les profonds et douloureux regrets que nous a causés la mort de notre excellent collègue, M. Henri Liouville. Nous avons perdu, avec lui, la collaboration d'une intelligence élevée et d'un homme de bien.

« J'ai l'honneur de déclarer ouverte la deuxième

session du Conseil supérieur des prisons (1887). »

M. Fallières, ministre de l'intérieur, vient de décider que les prisons de la Seine seraient désormais soumises, comme toutes les autres, à l'administration des établissements pénitentiaires (juin 1887).

C'est là un grave événement, une profonde réforme, si l'on a la force d'y persévérer.

Il conviendrait d'ajouter qu'à l'avenir toutes les prisons de Paris (Maisons d'arrêt, Dépôt de la Préfecture de police, grande Roquette) seront visitées mensuellement par un substitut et un juge d'instruction.

La prison Saint-Lazare. — Il y avait, dès l'année 1110, sur la route de Paris à Saint-Denis, un hôpital de lépreux, qu'on avait construit à l'emplacement d'une vieille basilique dédiée à saint Laurent et tombée en ruines. Plus tard cette léproserie, desservie religieusement par les chanoines réguliers de Saint-Victor, fut supprimée au profit de ces mêmes chanoines, heureux de trouver dans ce vaste enclos de quoi s'étendre et prospérer. En 1632, saint Vincent de Paul y installa, sous le nom de congrégation de Saint-Lazare, des prêtres de la Mission et s'y établit lui-même. Ce fut là qu'il mourut et qu'il fut enterré. Sa tombe, placée dans la chapelle, auprès du maître-autel, était encore visible en 1789. Environ dix ans avant la Révolution, une partie du couvent de Saint-Lazare avait été désaffectée et transformée en maison de correction pour hommes, ou plutôt en petite Bastille, où l'on opérait, sur lettre de cachet, des détentions arbitraires de courte durée. C'est ainsi que, le 8 mars 1785, Beaumarchais y fut conduit, sur un mot du roi, écrit à sa table de jeu, au dos d'une carte à jouer, pour le punir des hardiesses immortelles qu'il s'était permises à l'égard des grands dans *le Mariage de Figaro*. Il n'y resta d'ailleurs que trois jours, un mouvement d'opinion très marqué s'étant produit en sa faveur dans le monde de Paris, au cœur duquel grondait déjà la Révolution, comme un tonnerre lointain. Le 13 juillet 1789, la veille de la prise de la Bastille, le peuple de Paris, souffrant de la famine, se rua sur le couvent, qui passait pour renfermer, et qui renfermait, en effet, d'abondantes provisions en grains et denrées de toutes sortes, et le mit au pillage, dans sa juste indignation de voir ces lazaristes, qui faisaient vœu de pauvreté, lui soustraire sa subsistance.

Pendant la Terreur, tout l'ancien établissement de Saint-Lazare fut converti en prison. On y enferma les poètes Roucher et André Chénier. C'est là que ce dernier écrivit, pour Mlle de Coigny : *la Jeune Captive* et qu'il composa quelques-unes de ses stances.

Depuis le Consulat, la prison de Saint-Lazare a été exclusivement affectée aux femmes (1), et la Petite-

(1) *Transport des filles de joye à l'hôpital*, gravure d'après Jeaurat (du cabinet de M. Damory, chevalier de l'Ordre militaire de St-Louis).

Force, ainsi que les Madelonnettes, ayant disparu, elle reste la seule prison de femmes qu'il y ait à Paris.

On y renferme, non pas précisément pêle-mêle, car la prison forme cinq grands corps de bâtiments, entourant les trois cours intérieures plantées d'arbres, mais concomitamment :

1° Les jeunes filles mineures ; qu'elles soient détenues sur une ordonnance du juge, par la volonté de leurs parents, ou condamnées à demeurer jusqu'à leur majorité dans une maison de correction, pour avoir agi sans discernement, ou, quand elles ont moins de seize ans, incarcérées pour vagabondage, après condamnation en police correctionnelle, ou encore détenues administrativement pour prostitution ;

2° Les prévenues ou accusées de délits ou crimes de droit commun ;

3° Les condamnées à moins d'un an ;

4° Les prostituées détenues administrativement, qu'elles soient saines ou malades.

Quelque soin qu'on ait pris de grouper en trois catégories, correspondant aux trois cours intérieures, toutes ses femmes, et d'établir même des subdivisions pour chaque catégorie, on ne peut empêcher qu'il n'y ait une certaine promiscuité ni surtout que l'air ambiant ne soit funeste à celles qui le respirent.

Il est vraiment déplorable que, dans une ville comme Paris, il n'y ait pas pour les femmes autant de prisons qu'il y en a pour les hommes et, de plus, pour les prostituées, un réceptacle absolument distinct des prisons proprement dites, aussi longtemps du moins que s'exercera la police des mœurs.

Il faut rendre ce juste témoignage à l'administration policière qu'elle a plusieurs fois réclamé, toujours en vain, la réforme de l'état de choses dont elle ne cesse de constater les inconvénients graves.

Un certain progrès pourtant a été réalisé en 1873. On a pris alors le parti de séparer des autres les filles mises en correction par leurs parents, puis de les placer dans des établissements religieux.

On place aussi parfois dans des établissements religieux (la maison des Diaconesses, à Paris, par exemple) des filles mineures, soit condamnées, soit acquittées comme ayant agi sans discernement et retenues jusqu'à vingt ans.

L'un des motifs qui a permis de réunir en une seule prison tant de culpabilités féminines si diverses, mais qui n'en est pas meilleur pour cela, c'est que, d'après une statistique sérieuse, on arrête six ou sept fois moins de femmes que d'hommes.

« Sur 35,083 personnes arrêtées à Paris en 1877, dit M. Jules Arboux, il y avait 3,261 femmes majeures et 1,028 mineures. Il est donc certain qu'elles commettent bien plus rarement que les hommes des crimes, délits ou contraventions, soit parce qu'ellesont naturellement moins d'audace, soit parce qu'elles joignent à une religion plus sincère le goût de la vie domestique, l'esprit d'ordre, une disposition marquée à subir avec résignation la dépendance. »

Le même auteur affirme, par exemple, qu'une fois détenues, les femmes sont moralement aussi mauvaises et souvent plus que les hommes.

Il y a, dans la prison de Saint-Lazare, une moyenne habituelle de douze cents femmes de tout âge. Cinq ou six mille femmes y passent chaque année.

Les jeunes détenues qui sont le jour ensemble dans les ateliers et les cours, du moins celles de la même catégorie, ont pour coucher chacune une cellule distincte.

Les autres détenues couchent dans des dortoirs communs, quelquefois par quatre, et leurs lits sont même beaucoup trop voisins.

D'ailleurs, entre détenues de classes différentes, il y a, comme nous l'avons dit, le plus de séparation possible.

C'est ainsi que les prévenues ne vont au réfectoire ou dans les cours qu'après les condamnées et les filles soumises.

Les prévenues elles-mêmes sont réparties entre

deux ateliers, suivant les présomptions de moralité plus ou moins grandes des unes et des autres.

Les femmes enceintes ou nourrices ont, à Saint-Lazare, une salle spéciale, l'une des plus saines, des mieux aérées, des meilleures, en un mot, de la prison.

Le quartier des prostituées détenues administrativement est entièrement séparé des deux autres quartiers comprenant, comme on sait, l'un, les filles mineures et les simples prévenues ; l'autre, les condamnées.

Dans leur quartier spécial, le plus neuf de tout l'établissement, car il ne remonte guère qu'au règne de Louis-Philippe, les prostituées sont parquées elles-mêmes, selon qu'elles appartiennent à l'une de ces trois classes : les *vieilles*, les *mutines*, les *jeunes*.

Ainsi qu'on l'a remarqué très justement, Saint-Lazare est l'hôtel des Invalides des vieilles prostituées. Parent-Duchâtelet raconte que, lors de la révolution de 1830, ayant été mises de force en liberté, toutes rentrèrent le soir. On a coutume aujourd'hui de les employer à quelque service et de les garder jusqu'à leur mort.

Comme annexe, l'infirmerie pour les filles malades qu'envoie le dispensaire de la préfecture de police et qui s'y trouvent habituellement au nombre de 400.

« Il y a un rapport étroit, dit M. Jules Arboux, entre le dispensaire de la préfecture et l'infirmerie de Saint-Lazare. Ce sont les deux étapes du chemin que va parcourir, bon gré mal gré, la prostituée malade. »

Quatorze ou quinze médecins, ayant à leur tête un médecin en chef, doivent procéder à la visite dans ce dispensaire.

Une ordonnance du 20 avril 1684 avait affecté la Salpêtrière à la réclusion des femmes de mauvaise vie et les avait soumises à l'autorité du lieutenant de police.

D'autres ordonnances confirmatives furent rendues en 1713 et 1785. La première République elle-même édicta des lois réglementant la prostitution.

Quant à la visite, l'usage en remonte à 1798, mais ce n'est qu'en 1802 qu'elle devint réglementaire.

Depuis le 1er janvier 1850, la surveillance à Saint-Lazare est faite par des religieuses de l'ordre de Marie-Joseph. Elles se subdivisent ainsi : une sœur supérieure, une sœur pour la direction du bureau central des travaux, quatorze sœurs pour la première catégorie de détenues, onze sœurs pour la seconde et dix pour la troisième. Cela n'y empêche pas la présence d'un directeur, d'un brigadier, d'un sous-brigadier et de onze surveillants pour les guichets d'entrée.

Une visite à la Conciergerie (1). — En ce moment survint le directeur de la Conciergerie, qui s'appelait M. Lebel. C'était un vieillard à l'air respectable, avec quelque finesse dans le regard. Il avait une longue redingote et le ruban de la Légion d'honneur à sa boutonnière. Il s'excusa près de moi de n'avoir pas été averti plus tôt de ma présence, et me pria de lui permettre de m'accompagner lui-même dans la visite que je voulais faire.

L'avant-greffe communiquait par une grille avec une vaste, longue et large galerie voûtée.

— Qu'est cela ? dis-je à M. Lebel.

— Monsieur, me dit-il, c'était jadis une dépendance des cuisines de saint Louis. Cela nous a été bien utile dans les émeutes. Je ne savais que faire de mes prisonniers. M. le préfet de police m'envoie demander : — Avez-vous beaucoup de place en ce moment ? Combien pouvez-vous loger de détenus ?

— Je réponds : — J'en puis loger deux cents.

— On m'en envoie trois cent cinquante, et l'on me dit : — Combien pouvez-vous en loger encore ? — Je crus qu'on se moquait. Cependant je fis de la place en employant l'infirmerie des femmes. — Vous pouvez, dis-je, m'envoyer cent détenus. — On m'en envoie trois cents. Pour le coup, j'étais mécontent, et l'on me dit : — Combien pouvez-vous en caser

(1) *Choses vues,* par VICTOR HUGO (Hetzel et Quantin, éditeurs Paris, 1887).

encore? — Maintenant, ai-je répondu, tant que vous
voudrez. — Monsieur, on m'en a envoyé six cents !
Je les ai mis ici, ils couchaient à terre sur des bottes
de paille. Ils étaient fort exaltés. L'un d'eux, La-
grange, le républicain de Lyon, me dit : — M. Lebel, si vous voulez me laisser voir ma sœur, je vous
promets de faire faire silence dans la chambrée.
— Je lui laissai voir sa sœur, il tint parole, et ma
chambrée de six cents diables devint comme un petit paradis. — Mes gens de Lyon furent sages ainsi
et charmants, jusqu'au jour où, la cour des pairs
ayant évoqué l'affaire, on les mit en contact dans
l'instruction avec les émeutiers de Paris, qui étaient
à Sainte-Pélagie. Ceux-ci leur dirent : Êtes-vous
fous d'être tranquilles comme cela ? Mais il faut se
plaindre, il faut crier, il faut être furieux ! — Voilà
mes Lyonnais furieux, grâce aux Parisiens. Des sa-
tans! Ah ! j'ai eu bien de la peine ! — Ils me disaient :
— M. Lebel, ce n'est pas à cause de vous, mais à
cause du gouvernement. Nous voulons montrer les
dents au gouvernement. — Et Reverchon se désha-
billait et se mettait tout nu!

— Il appelait cela montrer les dents ? dis-je à
M. Lebel.

Cependant le guichetier avait ouvert la grande
grille du fond de la voûte, puis d'autres grilles et de
lourdes portes, et je me trouvais au cœur de la
prison.

Je voyais, à travers des ogives grillées, le préau des hommes. C'était une assez grande cour oblongue, dominée de toutes parts par les hautes bâtisses de saint Louis, aujourd'hui plâtrées et déformées. Des hommes s'y promenaient par groupes de deux ou de trois ; d'autres étaient assis dans des coins, sur des bancs de pierre qui font le tour de la cour. Presque tous avaient des habits de prison, grosses vestes, pantalons de toile; deux ou trois pourtant étaient en redingote. L'un de ces derniers était encore propre et grave, et avait je ne sais quel air de ville. C'était la ruine d'un monsieur.

Ce préau n'avait rien de sinistre. Il est vrai qu'il faisait un beau soleil, et que tout rit au soleil, même la prison. Il y avait deux carrés de fleurs avec des arbres petits, mais bien verts, et, entre les deux carrés, au milieu de la cour, une fontaine jaillissante avec bassin de pierre.

Ce préau était l'ancien cloître du palais. L'architecte gothique l'avait entouré des quatre côtés d'une galerie à arches ogivales. Les architectes modernes avaient rempli ces ogives de maçonnerie ; ils y avaient installé des planchers et des cloisons, et pratiqué deux étages. Chaque arcade donnait une cellule au rez-de-chaussée et une au premier. Ces cellules, planchées et propres, n'avaient rien de très repoussant. Neuf pieds de long sur six de large, une porte sur le corridor, une fenêtre sur le préau, des ver-

rous, une grosse serrure et un vasistas grillé à la
porte, des barreaux à la fenêtre, une chaise, un lit
dans l'angle à gauche de la porte, ce lit garni de
grosse toile et de gros lainage, mais très soigneusement et carrément fait, voilà ce que c'était que ces
cellules. On était à l'heure de la récréation ; presque
toutes ouvertes, les hommes étant au préau. Deux
ou trois cependant restaient fermées, et des détenus,
de jeunes ouvriers, cordonniers ou chapeliers, pour
la plupart, y travaillaient, faisant grand bruit de
marteaux. C'étaient, me dit-on, des prisonniers laborieux et de bonne conduite qui avaient préféré le
travail à la promenade.

La pistole était au-dessus. Les cellules étaient un
peu plus grandes et un peu moins propres, grâce à
la liberté dont on y jouissait, moyennant *seize centimes* par jour. En général, dans une prison, plus il
y a de propreté, moins il y a de liberté. Ces malheureux sont ainsi faits que leur propreté est le signe
de leur servitude. Ils n'étaient pas seuls dans leurs
cellules à la pistole ; ils étaient quelquefois deux où
trois ensemble; il y avait une grande chambre où ils
étaient six. Un vieillard lisait dans cette chambre,
honnête et paisible figure. Il leva les yeux de dessus
son livre quand j'entrai, et me regarda de l'air d'un
curé de campagne qui lit son bréviaire assis sur
l'herbe avec le ciel au-dessus de sa tête. Je questionnai,
mais je ne pus savoir de quoi ce *goodman* était ac-

cusé. Sur le mur blanchi à la chaux, près de la porte, ces quatre vers étaient écrits au crayon :

Dans la Conciergerie
Quand un concierge rit,
Tous les concierges rient
Dans la Conciergerie.

M. Lebel me fit remarquer, dans le préau, l'endroit par où s'était évadé un détenu quelques années auparavant. Il avait suffi à cet homme de l'angle droit que formaient les deux murs du préau, au coin le plus septentrional. Il s'était adossé à cet angle et s'était hissé, avec la seule force musculaire des épaules, des coudes et des talons, jusqu'au toit, où il avait saisi un tuyau de poêle. Que ce tuyau fléchît sous son poids, il était mort ! Parvenu sur le toit, il était redescendu dans les cours extérieures et s'était enfui. Tout cela en plein jour. On le reprit dans le palais de justice. Il s'appelait Bottemolle. — Une pareille évasion méritait plus de succès, me dit M. Lebel. J'ai eu presque du regret en le voyant revenir.

A l'entrée du préau des hommes, il y avait, à gauche, un petit greffe réservé au gardien en chef, avec une table disposée en équerre devant la fenêtre, un fauteuil de cuir et toutes sortes de cartons et de paperasses sur cette table. Derrière cette table et ce fauteuil, il y avait un espace oblong de huit pieds environ sur quatre. C'était l'emplacement de l'ancien cachot de Louvel. Le mur qui le séparait du greffe avait été démoli. A une hauteur d'environ sept pieds, le mur s'interrompait et était remplacé par un grillage en barreaux de fer qui montait jusqu'au plafond. Le cachot ne recevait de jour que par là et par le vasistas de la porte, jour de souffrance qui venait du corridor et du greffe et non du préau. Par ce grillage et par le vasistas, on observait, nuit et jour, Louvel, dont le lit était dans l'angle du fond. Cela n'empêchait pas la présence de deux surveillants dans le cachot même. Lorsqu'on démolit le mur, l'architecte fit conserver la porte, porte basse, armée d'une grosse serrure carrée à verrou rond, et fit sceller cette porte dans la muraille extérieure. C'est là que je la vis.

Je me rappelle que, dans mon extrême jeunesse, je vis Louvel passer sur le Pont-au-Change le jour où on le mena à la place de Grève (1). C'était, il me semble, au mois de juin. Il faisait un beau soleil. Louvel était dans une charrette, les bras liés derrière le dos, une redingote bleue jetée sur les épaules, un chapeau rond sur la tête. Il était pâle. Je le vis de profil. Toute sa physionomie respirait une sorte de férocité grave et de fermeté violente. Il avait quelque chose de sévère et de froid.

Avant de quitter le quartier des hommes, M. Lebel me dit : — Voici un endroit curieux. Et il me fit

(1) (1820.)

entrer dans une salle ronde, voûtée, assez haute, d'environ quinze pieds de diamètre, sans aucune baie ni fenêtre, et ne recevant de jour que par la porte. Autour de cette salle régnait un banc de pierre circulaire.

— Savez-vous où vous êtes ici ? Me demanda M. Lebel.

— Oui, lui répondis-je.

J'avais reconnu la fameuse chambre de la question.

Cette chambre occupe le rez-de-chaussée de la tour crénelée, la plus petite des trois tours rondes qui sont sur le quai.

Au milieu, il y avait une chose sinistre et singulière. C'était une sorte de longue et étroite table en pierre de liais, rejointoyée avec du plomb coulé dans les fentes, très épaisse, et portée sur trois piliers de pierre. Cette table était haute d'environ deux pieds et demi, longue de huit et large de vingt pouces. En levant les yeux, je vis un gros crochet de fer rouillé scellé dans la clef de la voûte, qui est une pierre ronde (1).

Cette chose était le lit de la question. On posait dessus un matelas de cuir sur lequel on étendait le patient. Ravaillac a passé six semaines couché sur cette table, les pieds et les mains liés, bouclé à la ceinture par une courroie à laquelle se rattachait une

_____

(1) *Pénalités anciennes* (Supplices et prisons). (PLON, éditeur.)

longue chaîne qui pendait de la voûte. Le dernier
anneau de cette chaîne était passé dans le crochet
que je voyais encore fixé au-dessus de ma tête. Six
gardes gentilshommes et six gardes de la prévôté
le veillaient nuit et jour. Damiens a été gardé,
comme Ravaillac, dans cette chambre, et garrotté
sur ce lit pendant tout le temps que dura l'instruction et le jugement de son procès. Desrues, Cartou-
che, la Voisin ont été questionnés sur cette table. La
marquise de Brinvilliers y fut étendue toute nue,
attachée et, pour ainsi dire, écartelée par quatre
chaînes aux quatre membres, et subit là cette affreuse
question extraordinaire par l'eau qui lui fit dire :
— Comment allez-vous faire pour mettre ce gros
tonneau d'eau dans ce petit corps ?

Toute une sombre histoire est là, qui s'est infiltrée
pour ainsi dire, goutte à goutte, dans les pores de
ces pierres, dans ces murailles, dans cette voûte,
dans ce banc, dans cette table, dans ce pavé, dans
cette porte. Elle est là tout entière, elle n'en est jamais sortie ; elle y a été enfermée, elle est restée
sous les verrous ; rien n'en a transpiré, rien ne s'en
est évaporé au dehors ; personne n'en a jamais rien
conté, rien trahi, rien révélé. Cette crypte qui ressemble à l'intérieur d'un entonnoir renversé, cette
caverne faite de main d'homme, cette boîte de pierre,
a gardé le secret de tout le sang qu'elle a bu, de tous
les hurlements qu'elle a étouffés. Les effroyables

choses qui se sont accomplies dans cet antre de juges y palpitent et y vivent encore, et y dégagent on
ne sait quels miasmes hideux. Étrange horreur que
cette chambre! étrange horreur que cette tour posée
au beau milieu du quai, sans fossé et sans muraille,
qui la sépare des passants! Au dedans, les scies, les
brodequins, les chevalets, les roues, les tenailles, le
marteau qui enfonce les coins, le grincement de la
chair touchée par le fer rouge, le pétillement du sang
sur la braise, les interrogations froides des juges, les
rugissements désespérés du torturé (1) ; au dehors, à
quatre pas, les bourgeois qui vont et viennent, les
femmes qui jasent, les enfants qui jouent, les marchands qui vendent, les voitures qui roulent, les
bateaux sur la rivière, le tumulte de la ville, l'air, le
ciel, le soleil, la liberté !

· Chose sinistre à penser, cette tour sans fenêtres a
toujours paru silencieuse au passant; elle ne faisait
pas plus de bruit alors qu'à présent. Quelle est donc
l'épaisseur de ces murailles, pour que de la tour on
n'entendit pas le bruit de la rue, et pour que de la rue
on n'entendit pas le bruit de la tour!

Je considérais cette table surtout, avec une curiosité pleine d'effroi. Des prisonniers y avaient gravé
leurs noms. Vers le milieu, huit ou dix lettres com-
mençant par une M et formant un mot illisible, y
étaient assez profondément entaillées. A l'une des

(1) Pénalités anciennes (PLON, éditeur).

extrémités avait été écrit avec un poinçon ce nom.:
Merel. (Je cite de mémoire et je puis me tromper,
mais je crois que c'est le nom.)

Le mur était d'une nudité hideuse. Il semblait
qu'on en sentît toute l'effroyable et impitoyable
épaisseur. Le pavage était le même que le pavage
de la chambre des condamnés à mort, c'est-à-dire
l'ancien pavé blanc et noir de saint Louis à carreaux
alternés. Un grand poêle carré en briques, avait
remplacé l'ancien réchaud de la torture. Cette chambre sert, l'hiver, de chauffoir aux prisonniers.

De là nous pénétrâmes dans le bâtiment des femmes. Après une heure de séjour dans la prison, j'é-
tais déjà si accoutumé aux grilles et aux verrous que
je n'y faisais plus attention, non plus qu'à cet air particulier aux prisons qui m'avait suffoqué en entrant.
Il me serait donc impossible de dire ce qu'on ouvrit
de portes pour nous faire passer du quartier des
hommes, dans le quatier des femmes. Je ne m'en
souviens plus. Je me rappelle seulement qu'une
vieille au nez d'oiseau de proie, apparut à une grille
et nous ouvrit, en nous demandant si nous désirions
faire le tour du préau. Nous acceptâmes.

Le préau des femmes était beaucoup plus petit et
beaucoup plus triste que le préau des hommes. Il n'y
avait qu'un carré de verdure et de fleurs fort étroit,
et je ne crois pas qu'il y eût d'arbres. Au lieu de
fontaine jaillissante, un lavoir dans un coin. Une

prisonnière, bras nus, y lavait son linge. Huit ou dix
femmes assises dans le préau, groupées ensemble,
parlant, cousant et travaillant. J'ôtai mon chapeau.
Elles se levèrent en me regardant avec curiosité.
C'étaient la plupart des espèces de demi-bourgeoises
ayant des encolures de marchandes de quarante ans.
Cela me parut être l'âge moyen. Il y avait pourtant
deux ou trois jeunes filles.

A côté du préau, il y avait une petite salle où nous
entrâmes. Deux jeunes filles y étaient, l'une assise,
l'autre debout. Celle qui était assise paraissait malade,
l'autre la soignait.

Je demandai : — Qu'a donc cette jeune fille ?

— Oh ! ce n'est rien, dit l'autre, grande et assez
jolie brune aux yeux bleus, elle est sujette à cela.
Elle se trouve un peu mal. Cela la prenait souvent
à Saint-Lazare. Nous y étions ensemble. J'ai soin
d'elle.

— De quoi est-elle accusée ? repris-je.

— C'est une bonne. Elle a pris six paires de bas
à ses maîtres.

Cependant la malade pâlissait et perdait tout à fait
connaissance. C'était une pauvre fille de seize ou
dix-sept ans.

— Donnez-lui de l'air, dis-je.

La grande la prit dans ses bras comme un enfant
et l'emporta dans la cour. M. Lebel envoya chercher
de l'éther.

— Elle a pris six paires de bas, me dit-il, mais c'est la troisième fois.

Nous rentrâmes dans la cour. La petite était couchée sur le pavé. Toutes les prisonnières s'empressaient autour d'elle et lui faisaient respirer de l'éther. La vieille surveillante lui ôtait ses jarretières, pendant que la grande brune la délaçait. Tout en lui défaisant le corset, elle disait :

— Ça lui prend chaque fois qu'elle met un corset. Je t'en donnerai, des corsets ! Petite bête, va !

Dans ces mots : *petite bête, va!* il y avait je ne sais quel accent tendre et compatissant.

Nous passâmes outre.

Une des particularités de la Conciergerie, c'est que toutes les cellules occupées par les régicides depuis 1830 étaient dans le quartier des femmes.

J'entrai d'abord dans la cellule qui avait été occupée par Lecomte et qui avait été occupée par Joseph Henri. C'était une charmante chambre assez grande, presque vaste, claire, n'ayant d'un cachot que le pavé, la porte armée de la plus grosse serrure qu'il y eût à la Conciergerie, et la fenêtre, large ouverture grillée, vis-à-vis de la porte. Cette chambre, du reste, était ainsi meublée : dans l'angle, près de la fenêtre, lit de quatre pieds et demi de large en acajou, forme bateau, grande mode de la Restauration ; de l'autre côté de la fenêtre, secrétaire en acajou ; près du lit, commode en acajou avec mains et poignées en cuivre doré; sur la commode, une glace, et, devant la glace, une pendule en acajou en forme de lyre avec cadran doré et ciselé; petit tapis carré au pied du lit; quatre fauteuils en acajou et en velours d'Utrecht; entre le lit et le secrétaire un poêle en faïence. Cet ameublement, à l'exception du poêle qui choque le goût des bourgeois, est l'idéal d'un boutiquier enrichi. Joseph Henri en fut ébloui. Je demandai ce que ce pauvre fou était devenu. Après avoir été transféré de la Conciergerie à la Roquette, il venait de partir, le matin même, en compagnie de huit voleurs, pour le bagne de Toulon.

La fenêtre de cette cellule donnait sur le préau des femmes. Elle était garnie d'une vieille hotte vermoulue et percée de trous. Par ces trous on pouvait voir ce qui se passait dans le préau, distraction pour le prisonnier qui n'était peut-être pas sans inconvénient pour les femmes, lesquelles se croyaient seules dans cette cour et à l'abri de tout regard.

A côté, était la cellule jadis occupée par Fieschi et Alibaud. Ouvrard, qui l'avait le premier habitée, y avait fait mettre une cheminée en marbre (marbre Sainte-Anne, noir veiné de blanc) et une grande boiserie formant alcôve et cabinet de toilette. L'ameublement était tout en acajou et à peu près pareil au mobilier de la chambre de Joseph Henri. Après Fieschi et Alibaud, cette cellule avait eu pour habitants l'abbé de Lamennais et Mme la marquise de Larô-

chejacquelin , puis le prince Louis-Napoléon, et
enfin ce « bêta de prince de Berghes », comme disait
M. Lebel.

Vis-à-vis les deux portes de ces deux cellules s'ouvrait l'infirmerie des femmes, longue et large halle
trop basse pour sa grandeur. Il y avait là une ving-
taine de lits ; personne dans les lits. Je m'en éton-
nais.

— Je n'ai presque jamais de malades, me dit
M. Lebel. D'abord les prisonniers ne font que passer
ici. Ils viennent pour être jugés, et s'en vont tout
de suite ; acquittés, en liberté ; condamnés, à leur
destination. Tant qu'ils sont ici, l'attente de leur jugement les tient dans une surexcitation qui ne laisse
place à rien autre chose. Ah bien, oui ! ils ont bien
le temps d'être malades ! ils ont bien une autre fièvre que la fièvre ! A l'époque du choléra, qui était
aussi la grande époque des émeutes, j'avais ici sept
cents prisonniers. Il y en avait partout, dans les guichets, dans les greffes, dans les avant-greffes, dans
les cours, sur les lits, sur la paille, sur le pavé. Je
disais : Bon Dieu ! pourvu que le choléra, ne se
mette pas dans tout ça ! Monsieur, je n'ai pas eu un
malade !

Il y a certainement un enseignement dans ces
faits, il est prouvé qu'une préoccupation énergique
préserve de toute maladie. Dans les temps de peste,
sans négliger les procédés d'assainissement et d'hy-

giène, il faudrait distraire le peuple par de grandes
fetes, de grands spectacles, de grandes émotions.
Personne ne s'occupant de l'épidémie, elle s'éva-
nouirait.

Quand il y avait dans les cellules d'en face quelque coupable d'attentat à la personne du roi, l'infirmerie des femmes se transformait en corps de garde.
On installait là quinze ou vingt gardiens, qui étaient
au secret comme le prisonnier lui-même, ne pouvant
voir personne, pas même leurs femmes, et cela tout
le temps que durait l'instruction, quelquefois six semaines, quelquefois deux mois. — Voilà ce que je
fais, ajouta M. Lebel qui me donnait des détails,
quand j'ai des régicides.

Cette phrase lui vint le plus naturellement du
monde ; c'était pour lui une sorte d'habitude *d'avoir
des régicides.*

— Vous avez, lui dis-je, parlé du prince de Berghes d'une façon assez dédaigneuse. Qu'en pensez-
vous donc ?

Il essuya ses besicles avec sa manche et me répondit :

— Oh ! mon Dieu, je n'en pense rien ; c'était un
pauvre grand niais, bien élevé, ayant de fort bonnes
manières, l'air très doux ; mais un imbécile. Quand
il arriva ici, je le mis d'abord dans cette salle, dans
cette infirmerie qui est grande, pour qu'il eût de l'air
de l'espace. Il me fit appeler. — Monsieur, me dit-

il, est-ce que mon affaire est grave ? — Je balbutiai quelques paroles embarrassées. — Pensez-vous, reprit-il, que je pourrai sortir ce soir ? — Oh ! non, lui dis-je. — En ce cas, demain ? — Ni demain, repris-je. — Ah ! çà, vraiment ! mais est-ce que vous croyez qu'on va me tenir huit jours ici ? — Peut-être davantage. — Plus de huit jours ! plus de huit jours ! Décidément mon affaire est donc grave ? Est-ce que vous pensez que mon affaire est grave ? — Il se promenait de long en large, me répétant toujours cette question, à laquelle je ne répondais jamais. Du reste, sa famille ne l'abandonna pas. La duchesse, sa mère, et la princesse, sa femme, venaient le voir tous les jours. La princesse, une très jolie petite femme, demanda à partager sa prison. Je lui fis entendre que cela ne se pouvait. — Au reste, qu'était-ce que son affaire ? Un faux, oui, mais pas de motif. C'était un acte stupide, rien de plus. Les jurés l'ont condamné parce qu'il était prince. Si c'eût été quelque fils de riche marchand, on l'eût acquitté. — Après sa condamnation à trois ans de prison, on me l'a laissé quelque temps ici, puis on l'a transféré dans une maison de santé dont on a loué un pavillon pour lui seul. Il est là depuis bientôt un an, on l'y laissera encore six mois, puis on le graciera. Par exemple, d'être prince, ça lui a nui dans son procès, mais cela le sert dans sa prison.

Comme nous traversions un couloir, mon guide

m'arrêta et me fit remarquer une porte basse d'environ quatre pieds et demi de haut, armée d'une énorme serrure carrée et d'un gros verrou, à peu près pareille à la porte du cachot de Louvel. C'était la porte du cachot de Marie-Antoinette, la seule chose qu'on eût conservée, telle qu'elle était, Louis XVIII ayant fait de sa cellule une chapelle. C'est par cette porte que sortait la reine pour aller au tribunal révolutionnaire ; c'est par là qu'elle sortit pour aller à l'échafaud. Cette porte ne tournait plus sur ses gonds. Depuis 1814, elle était scellée dans le mur.

J'ai dit qu'on l'avait conservée telle quelle était, je me trompais. On l'avait barbouillée d'une affreuse peinture couleur nankin, mais cela ne compte pas. Quel est le souvenir sanglant qu'on n'a pas badigeonné en jaune ou en rose !

Un moment après, j'étais dans la chapelle qui a été le cachot. Si l'on eût vu là le pavé nu, la muraille nue, les barreaux au soupirail, le lit de sangle de la reine et le lit de camp du gendarme et le paravent historique qui les séparait (1), c'eût été une émotion profonde et une impression inexprimable. On y voyait un petit autel de bois qui eût fait honte à une église de village, un mur badigeonné (en jaune, bien entendu), des vitraux de café turc, un plancher exhaussé faisant estrade et sur le mur deux ou trois

(1) Voir le beau tableau de Théophile Gide : « Marie-Antoinette à la Conciergerie. »

abominables tableaux où le mauvais style de l'Empire luttait avec le mauvais goût de la Restauration. L'entrée du cachot avait été remplacée par une archivolte percée dans le mur. Le passage voûté par où la reine montait au tribunal avait été muré. Il y a un vandalisme respectueux plus révoltant encore que le vandalisme haineux, parce qu'il est niais.

On ne voyait plus rien là de ce qui était sous les yeux de la reine, si ce n'est un peu de pavé que le plancher ne couvrait pas tout entier. Ce pavé était un antique carrelage chevronné de briques scellées de champ et montrant le petit côté.

Une chaise de paille posée sur l'estrade marquait la place où avait été le lit de la reine.

En sortant de ce lieu vénérable profané par une piété bête, j'entrai dans une grande salle à côté qui avait été la prison des prêtres pendant la Terreur et dont on avait fait la chapelle de la Conciergerie. C'était fort mesquin et fort laid, comme la chapelle de la prison de la reine. Le tribunal révolutionnaire tenait ses séances au-dessus de cette salle.

Tout en circulant dans les profondeurs du vieil édifice, j'apercevais çà et là, par des soupiraux, d'immenses caves, des halles mystérieuses et désertes, avec des herses s'ouvrant sur la rivière, des galetas effrayants, des passages noirs. Dans ces cryptes abondaient les toiles d'araignée, les pierres moussues, les lueurs livides, les choses vagues et diffor-

mes. Je demandais à M. Lebel : — Qu'est-ce que
ceci ? — Il me répondait : — Cela ne sert plus.
— A quoi cela avait-il servi ?

Nous dûmes repasser par le préau des hommes.
En le traversant, M. Lebel me fit remarquer un escalier près des latrines. C'est là que s'était pendu peu
de jours auparavant, aux barreaux de la rampe, un
assassin, nommé Savoye, qu'on venait de condamner
aux galères. — Les jurés se sont trompés, avait dit
cet homme; je devrais être condamné à mort, j'ar-
rangerai cela. — Il « arrangea cela » en se pendant.
Il était particulièrement confié à un détenu qu'on
avait élevé à la fonction de gardien pour le surveiller,
et que M. Lebel cassa.

Pendant que le directeur de la Conciergerie me
donnait ces détails, un prisonnier assez bien vêtu
s'approcha de nous. Il paraissait désirer qu'on lui
parlât; je lui fis quelques questions. C'était un garçon qui avait été ouvrier brodeur et passementier,
puis aide de l'exécuteur des hautes œuvres de Paris,
ce qu'on appelait jadis « valet de bourreau », puis
enfin, disait-il, palefrenier dans les écuries du
roi.

— Monsieur, me dit-il, je vous prie de demander
à M. le directeur qu'on ne me mette pas l'habit de la
prison et qu'on me laisse mon fainéant.

Ce mot, qu'il faut prononcer *faignant*, signifie paletot dans le nouvel argot. Il avait en effet un paletot

assez propre. J'obtins qu'on le lui laissât et je le fis causer.

Il faisait beaucoup d'éloges de *Monsieur Sanson*, le bourreau, son ancien maître. M. Sanson habitait rue du Marais-du-Temple, dans une maison isolée dont les persiennes sont toujours fermées. Il recevait beaucoup de visites. Force Anglais l'allaient voir. Quand des visiteurs se présentaient chez M. Sanson, on les introduisait dans un joli salon au rez-de-chaussée, *tout meublé en acajou*, au milieu duquel il y avait un excellent piano, habituellement ouvert et chargé de musique. Peu après, M. Sanson arrivait, et faisait asseoir les visiteurs. On devisait de choses et d'autres. En général les Anglais demandaient à voir la guillotine. M. Sanson satisfaisait ce désir, sans doute moyennant quelque paraguante, et menait les ladies et les gentlemen dans la rue voisine (la rue Albouy, je crois), chez le charpentier des hautes œuvres. Il y avait là un hangar où la guillotine était toujours dressée. Les étrangers se rangeaient autour et on la faisait *travailler*. On guillotinait des bottes de foin.

Un jour, une famille anglaise, composée du père, de la mère et de trois belles filles toutes roses et toutes blondes, se présenta chez Sanson. C'était pour voir la guillotine. Sanson les mena chez le charpentier et fit jouer l'instrument. Le couteau s'abaissa et se releva plusieurs fois à la demande des jeunes filles. L'une d'elles se trouva mal, ses sœurs se contentèrent de sourire...

A Paris, 90 marches d'un escalier en pierre blanche conduisent de la Conciergerie à la salle où sont déposés les accusés avant de comparaître devant la cour d'assises.

Sur une des dalles de cet escalier se trouve cette inscription, — tracée par qui ? — au crayon : *Pas de chance !*

L'escalier conduit à un passage souterrain, près du dépôt de la préfecture de police, et aboutit non loin des cellules de la Conciergerie. La pièce où l'on place les accusés est tapissée avec des boiseries en chêne, partagée par un compartiment de bois sur lequel sont adossés des bancs.

A l'extrémité, un cabinet d'aisance; dans un coin, le robinet d'une fontaine, versant une eau pure, recueillie dans un gobelet de verre.

Là, ont essayé de boire, de se désaltérer, La Pommeraie, Troppmann, Campi, Pranzini et tant d'autres.

MOUVEMENT DU DÉPOT (1880).

Sur 40,564 individus entrés, en 1880, au dépôt de la préfecture de police (autres que les *aliénés et les prostituées*), on compte :

Nés à Paris.......	Hommes :	12,005	Femmes :	1,110
Nés en province....	—	20,635	—	3,833
Nés à l'étranger....	—	2,586	—	405
Total........	—	35,226	—	5,348

Poursuivis pour vagabondage, répartis ainsi :

$$\left.\begin{array}{ll}\text{Hommes :} & 14,047 \\ \text{Femmes :} & 1,524\end{array}\right\} \ 15,571$$

Nés à Paris : 5,872....   Hommes :   5,505   Femmes :   367
Nés en province : 8,745.   —   7,684   —   1,061
Nés à l'étranger : 954..   —   858   —   96

Pour vol :

$$\left.\begin{array}{ll}\text{Hommes :} & 5,782 \\ \text{Femmes .} & 1,444\end{array}\right\} \ 7,226$$

Nés à Paris : 2,341..   Hommes :   2,063   Femmes :   278
Nés en province : 4,289   —   3,244   —   1,045
Nés à l'étranger : 596.   —   475   —   121

Pour rébellion et outrages aux agents :

$$\left.\begin{array}{ll}\text{Hommes :} & 4,320 \\ \text{Femmes :} & 506\end{array}\right\} \ 4,826$$

Nés à Paris : 1,307....   Hommes :   1,199   Femmes :   108
Nés en province : 3,177.   —   2,803   —   374
Nés à l'étranger : 342..   —   318   —   24

Paris : 13,105. — Province : 24,468. — Étranger : 2,991.
Total : 40,564

(*État du service de sûreté*, 1880.)

CHAPITRE VIII

La peine de mort. Les exécutions.

> La société ne se venge pas seulement,elle
> se défend, elle intimide par le supplice qui
> punit le coupable.
> Le crime fait la honte et non pas l'échafaud.

En 1791, sur la proposition de Lepelletier de Saint-Fargeau, l'Assemblée nationale décréta l'emploi d'une machine pour la décapitation, et nomma une commission pour en élaborer le modèle. On s'adressa au grand chirurgien Louis, secrétaire de l'Académie de médecine, qui construisit la *louisette*, instrument de supplice (1) qui fonctionne encore aujourd'hui.

Mirabeau avait aussi proposé un modèle, rappelé (en 1792) par les vers satiriques suivants :

Nous aurons la machine
De Guillotin !
Quel coup d'chien !

(1) L'instrument, confectionné à cette époque par un menuisier, coûtait, *prix fort :* 600 francs.

Ou nous aurons la belle
Mirabelle.
Eh bien!
Avec celle-ci, avec celle-là,
Là, là,
Nous la danserons belle,
Vous m'entendez bien.

Les victimes futures de la Révolution avaient déjà la guillotine sûre par avance.

Avant d'être officiellement admise à la libre pratique comme instrument de gouvernement (20 mars 1792), la guillotine fut d'abord exhibée sur le théâtre de l'Ambigu.

Là, elle opérait, d'un seul coup, la décollation dramatique des *Quatre fils Aymon*, devant un public naïf et attendri.

A cette occasion, on chantait :

C'est un coup qu'on reçoit
Avant qu'on s'en doute.
A peine on s'en aperçoit,
Car on n'y voit goutte.
Un certain ressort caché,
Tout à coup étant lâché,
Fait tomber, ber, ber,
Fait sauter, ter, ter,
Fait tomber,
Fait sauter,
Fait voler la tête !

Il est curieux de constater avec quel à-propos se produisent, à leur date inopportune, certaines manifestations demandant la suppression de la peine de mort, toujours, avec raison, inscrite en nos codes.

Le savant ouvrage de M. Jules Simon, l'éminent orateur, le séduisant écrivain, sur *la peine de mort*, parut le jour même où Troppmann avait immolé au champ Langlois, près Pantin, ses cinq victimes, dont Mme Kinck, *alors enceinte!*

Louis Blanc, membre du gouvernement provisoire (1848), le tribun du Luxembourg, l'organisateur des ateliers nationaux (*juin 1848*), choisit, pour abolir la peine de mort, *le 26 février*, jour du crime de la Villette.

Février vient du latin : Purifier !

Les condamnations à mort, de 1878 à 1880, ont été de 125 ; de 1881 à 1885, de 148 (1).

En 1881 :	19			
— 1882 :	35			
— 1883 :	25	Hommes :	141	148
— 1884 :	40	Femmes :	7	
— 1885 :	30			

Près des sept dixièmes, 87, soit 58 0/0, étaient des repris de justice.

La peine capitale a été exécutée pour 27 condamnés seulement. Elle a été commuée, pour 117, en travaux forcés à perpétuité ; en 20 ans de travaux forcés pour 2, et en réclusion perpétuelle pour 2 sexagénaires.

(1) Compte de justice criminelle. (Publié en 1887.)

9.

12 février 1881.

L'ordre du jour appelle la discussion sur la prise en considération de la proposition de M. Louis Blanc relative à l'abolition de la peine de mort.

M. Louis Blanc se réserve d'attirer, plus tard, l'attention de la Chambre sur les effets monstrueux que peut amener l'application d'une peine irréparable par des juges faillibles, mais il signale, dès à présent, l'importance de ces questions.

Un mouvement irrésistible se produit en faveur de l'abolition de la peine de mort, qui a été traduite devant l'opinion par les hommes politiques, les jurisconsultes, les penseurs les plus éminents de toute l'Europe.

La peine de mort a été abolie, formellement ou virtuellement, dans un grand nombre d'États d'Europe et d'Amérique. Elle l'a été en Russie, sauf pour les crimes politiques. On a mal interprété un récent vote en Suisse en croyant que ce pays avait relevé l'échafaud. Le Parlement de l'Allemagne du Nord a cédé à ce mouvement en votant l'abolition de la peine de mort, et s'il est revenu sur ce vote, c'est seulement à cinq voix de majorité et sous l'influence prépondérante de M. de Bismarck.

En France, cette abolition a été bien souvent et bien éloquemment demandée depuis la Révolution. Elle l'a été à la Convention, elle l'a été en 1848 et en 1870.

Le Président de la République a presque aboli la

peine de mort en usant de son droit de grâce ; mais ce n'est pas là une abolition suffisante, c'est à la loi qu'il appartient de supprimer le bourreau s'il n'est plus nécessaire. En Angleterre on exécute à huis clos et on recommande ce système pour la France ; 'on ne peut comprendre que la société se cache comme pour accomplir une mauvaise action, et frappe dans l'ombre comme un malfaiteur. La France ne doit pas être la dernière à s'associer à ce mouvement.

La justice, l'humanité, la sécurité sociale bien comprise, exigent qu'il soit mis un terme à des condamnations irréparables. (*Très bien! très bien!* sur divers bancs.)

La proposition est prise en considération.

La parole n'a pu être donnée aux victimes passées, présentes, futures, qui seules auraient intérêt à réclamer. Tout est bien qui finit bien. Français, soyez satisfaits, et donnez : c'est là tout ce qu'on vous demande.

LA MORT.

Passant, penses-tu pas
Passer par ce passage
Où, passant, j'ai passé ?
Si tu n'y penses pas,
Passant, tu n'es pas sage,
Car, en n'y pensant pas,
Tu te verras passé.

(*Inscription aux Authieux*, près Rouen.)

Cette inscription, grave comme une ligne de l'*Imitation*, est bien autrement profonde que toutes ces vantardises, faites à propos du trépas des autres. Le suicide est facile à invoquer, après une nuit d'orgie, comme une solution, mais on y recourt rarement de sang-froid.

Les poètes, les romanciers, les auteurs font pour la scène de fréquentes invocations à cette sortie de la vie. Toute cette désespérance (1) de convention semble purement littéraire.

De toutes les choses que l'homme peut souhaiter, la fortune, la richesse, la santé, l'amour, la mort est la seule qu'il puisse se procurer tout de suite, sans l'appui de Dieu, sans le secours des hommes. Eh bien, c'est justement la seule qu'il ne se procure presque jamais (2). La mort a du bon, mais l'homme lui préférera toujours la vie.

Il est l'heure ! (3) — Ce soir d'avril, vers minuit, comme je rentrais chez moi un peu las, les yeux déjà lourds de sommeil, je croisai trois de mes amis, place de l'Opéra. Craignant d'être entraîné par eux dans quelque restaurant de nuit, je me dé-

(1) Alexandre Dumas. Discours en réponse à Leconte de Lisle à l'Académie française.

(2) Voir l'état des suicides en France. (Comptes de justice criminelle.)

(3) *Lydie*, par Henri Lavedan; 1 vol., Paris, Librairie moderne.

tournais pour les éviter ; mais ils m'avaient aperçu.
Ils m'entourèrent, et me prenant par le bras, parlant sec et vite : « Arrive, ouste !... nous allons
voir guillotiner Campi !... »

Campi ! c'était donc pour cette nuit ?... Voir
guillotiner... oh ! cette tentation ! Je demeurai
saisi, ne trouvant rien à répondre, gonflé d'une joie
sourde et délicieuse, prêt à courir, mais résolu néanmoins à me faire un peu prier et tirer l'oreille. Et
mollement, avec une bouche dégoûtée, je me dé-
fendis tout bas : « Vous m'écœurez... jamais de ma
vie... vous irez seuls... » En même temps que je
feignais de résister, déjà je sentais sourdre au fond
de moi cette curiosité souple et vile, — manisfesta-
tion de la bête que nous sommes, — qui nous pousse
et nous fait galoper aux spectacles de sang. Aussi,
sur l'insistance de mes amis affirmant « qu'il fallait
voir ça » au moins une fois, devant cette occasion
qui s'offrait soudaine, brutale, j'allais dire : *provi-
dentielle !* — j'acceptai.

Bientôt... nous sautions tous quatre dans un coupé
de cercle, lançant au cocher — assez haut pour nous
faire entendre de quelques personnes, arrêtées sur le
trottoir — ces simples mots : « A la Roquette. »

Une gaieté folle nous animait. Le cheval allait vite,
et notre voiture dépassait toutes les autres, filant
comme un traîneau. Nous fumions d'excellentes
cigarettes *à la main*, parlant tous à la fois :

— As-tu déjà vu des exécutions, toi ? — Non. —
Et toi ? — Non plus.

Je déclarai : — Voulez-vous que je vous parle
franchement ? Je crois que cela ne me fera aucun
effet.

— Oui, on dit toujours ça avant.

Au bout d'une montée pendant laquelle le cheval
avait un peu ralenti son allure, le coupé s'arrêtait.

— « On ne va pas plus loin », nous cria le cocher.

Nous descendîmes, étonnés d'être si tôt rendus.
Sur le trottoir, à droite et à gauche, des groupes
sombres, et, barrant la chaussée, un cordon de
gardes de Paris, l'arme au pied.

La haie s'ouvrit... Enfin, *ça y était, ça y était
bien...*

Devant nous s'étendait une esplanade déserte,
une sorte de mail de petite ville. A pas lents, nous
avancions, jetant autour de nous des regards
inquiets. Décor lugubre. D'un côté la petite Roquette, de l'autre la grande, sa sœur aînée. Partout
des murs gris, lépreux, qui très haut montaient et
semblaient toucher le ciel, un ciel superbe et compatissant, semé d'étoiles à profusion. Tout en fer,
large, immense, pareille à une trappe sinistre, la
porte de la prison se dressait impénétrable, ses deux
battants cadenassés. Dans quelques heures, par cette
porte, il devait sortir et tout à coup se trouver nez à
nez... N'y pensons pas.

Soigneusement alignés, de pauvres arbres chétifs pourrissaient avec résignation, et la courte lueur des becs de gaz vacillait sous le vent frais de la nuit.

Ma première pensée fut de chercher la guillotine. Un monsieur complaisant, qui m'avait deviné, me renseigna : « Elle n'est pas encore arrivée, mais on l'attend d'un moment à l'autre. D'ailleurs, ajouta-t-il, en consultant son chronomètre, il n'y a pas de mal. Une heure moins dix... elle n'est jamais là avant une heure et demie... au bas mot... » Je le remerciai, et j'errai, sur la place à la recherche de mes amis que j'avais perdus.

Nous étions là une centaine de personnes dispersées en petits groupes de trois ou quatre. Quelques-uns se promenaient, tapant sur les cailloux avec leurs cannes. D'autres, à l'écart, causaient femmes, ou bien fumaient, assis sur des bancs verdâtres. Et tout ce monde parlait à voix basse ainsi qu'aux enterrements. Je coudoyais les individus : reporters, gens de police, plusieurs soldats en bourgeois, quelques acteurs en quête de fameuses grimaces, des boulevardiers, un prince serbe, sans compter la petite bande des abonnés friands qui n'en manquent pas une, ferrés sur les dates, échangeant entre eux des anecdotes et des souvenirs.

Et des lambeaux de phrases s'échappaient, des mots s'éparpillaient, tombant au milieu d'un grand silence, comme des pierres dans un étang. — Vous

rappelez-vous Moreau, l'herboriste? — Superbe;
Lebiez! une sortie à l'anglaise... — Personne ne
mourra comme Avinain. — Enfin, on ne sait toujours pas son nom, à ce Campi?... A quoi un sergent de ville répondait : — Pour moi, on ne m'ôtera
jamais de l'idée que celui-là qu'il a tué, c'était son
père... de la main gauche, s'entend !

Aux deux extrémités de la place, la foule, qu'on
ne voyait pas, s'amassait et grognait. Jacques à cet
instant m'aborda, l'air joyeux.

— Tu en as une veine... Je viens de blaguer avec
des gens de la boîte..., on croit qu'il parlera. Au
revoir !

Et il disparut.

Je m'assis sur un banc, pris de faiblesse passa-
gère, les tempes et le dos moites ; j'avais presque
envie de pleurer. Obstinément je pensais à cet
homme que je ne connaissais pas, dont tout à l'heure
on allait couper la tête, devant tous ces invités. Était-ce
possible ? Mais c'était un crime ! Effaré, je regardais,
j'écoutais ; et les arbres, les murs, la porte de fer, la
populace, tout me rappelait : Il va mourir, il
mourra, c'est la mort, la peine de mort!

Alors, chassant ma stupide compassion, tour-
menté de justice, je me dis que « ça n'était vraiment pas volé ».

— Ah ! il a tué, le scélérat! Tout de suite qu'on
l'amène, et terminons vite cette affaire !

Puis, comme personne autour de moi ne semblait tenir compte de mes réclamations, une excessive irritabilité m'envahit, éclata en reproches : « Décidément est-ce pour aujourd'hui ? Rien n'est prêt. Qu'est-ce qu'ils font ? Sacrés lambins ! »

Et sans transition, une phrase d'indifférence et de détachement triste : « Après tout, maintenant, dans trois heures, ou dans huit jours, ça m'est égal. Seulement, en ce cas-là, on ne fait pas venir le monde à minuit et demi ! »

Je vaguais sur la place, levant les yeux au ciel par désœuvrement. Comme il y avait des étoiles cette nuit ! Elles étaient toutes là, au grand complet ! Ici-bas les ténèbres. Devant le portail de la prison allait et venait le factionnaire en caban, et l'ombre effilée de sa baïonnette passait sur la muraille.

A quelques pas, des officiers de paix, reconnaissables aux phosphorescences de leurs broderies et au cliquetis du sabre qui leur souffletait les mollets, se contaient une amusante histoire ; tout près de moi un grand garçon assis par terre, qui venait de retirer sa bottine, chipotait ses orteils. Quelque part, à une horloge triste, une heure sonna, les dernières vibrations s'éteignirent, et la nuit morne continua de cheminer en silence.

Je songeais. — « Pourquoi suis-je ici ! j'ai honte. »

Tout à coup, à une des extrémités de la place, une lumière scintilla, puis une autre, en même temps que se dispersaient les groupes, tout le monde se portait de quelques pas dans la même direction. Je sentis qu'on me touchait l'épaule ; c'était le monsieur qui m'avait adressé la parole. Affirmativement il baissa la tête, en déclarant: « Les bois. »

Au milieu de la chaussée, lentement, s'avançait une longue voiture ayant un aspect de fourgon, close de toutes parts, traînée par un vieux cheval blanc qui avait l'air d'être de la police. De chaque côté de la bête marchait un sergent de ville, sa pèlerine pliée et jetée sur l'épaule gauche. On ne distinguait point de cocher à ce véhicule, quoiqu'il dût y en avoir un; et ce qui causait une impression d'étrange terreur, c'était une ouverture — oh ! pas bien grande ! — pratiquée dans une des parois de la mystérieuse *tapissière* éclairée en dedans, oui, une ouverture vitrée qui, ainsi lumineuse, faisait songer à ces roulottes de bohémiens cahotant la nuit, par les campagnes où l'on ne voit goutte. Derrière le carreau, des ombres s'agitaient rapides, et je devinai qu'il y avait là des personnes très occupées.

Une seconde voiture pareille, mais celle-là tout à fait sombre, suivait, également attelée d'un seul cheval, et enfin, en dernier lieu, venait au pas, en grinçant, un simple fiacre noir aux stores baissés d'avance.

Des chuchotements me renseignèrent : « Le sapin de l'aumônier... »

Aussitôt les agents nous firent ranger sur les trottoirs et, après avoir tourné, les trois véhicules vinrent s'arrêter, toujours l'un derrière l'autre, à quelques mètres de la grande Roquette, faisant face à la prison. Le fiacre alla, sur la gauche, stationner un peu plus à l'écart.

Puis, émergeant des ténèbres, une troupe d'hommes qu'on n'avait pas encore vus parut brusquement, sortant comme dans une embuscade. Lourdement chaussés, la tête nue ou coiffée de casquettes, ils avaient tournure de bons charpentiers ; ils étaient vêtus de tricots, de blouses, quelques-uns sanglés, à la façon des spahis, de larges ceintures rouges. Ils étaient grognons et parlaient peu.

S'étant réunis près d'une des voitures qui avec une clef s'ouvrait toute grande, par derrière, à deux battants — comme s'ouvrent les voitures de la maison Pleyel — et plusieurs étant grimpés dedans, ils en retirèrent des traverses de toute dimension, des poutrelles, des montants... qu'ensuite avec beaucoup de méthode et des précautions infinies, ils alignèrent à plat sur le sol, dans un certain ordre.

Tandis qu'ils opéraient ainsi leur petit rangement, des aides, courbés en deux, les éclairaient,

balançant de falotes lanternes à verres blancs et
rouges, échangeant, dans les ténèbres, de brèves et
rares paroles qu'on distinguait mal; et l'ont eût dit,
à la suite d'un accident, des hommes d'équipe sur
une voie, réparant un rail en hâte, la nuit, pendant
que le train stoppe en rase campagne, arrêté avec
un retard énorme.

Les assistants observaient, très intrigués. Des
beuglements de populace arrivaient par instants,
mêlés à des bruits nocturnes, plaintifs et lointains.

A présent, c'était au milieu de la chaussée un
échafaudement calculé avec sagesse, en s'y repre-
nant à plusieurs fois, des coups de marteau sûre-
ment frappés, des clavettes, des écrous, des pièces
de bois s'articulant à la façon d'un jeu de patience,
toute une lente, ingénieuse et déterminée besogne
accomplie dans l'ombre, non à la légère. Et cette
rudimentaire architecture, cette louche menuiserie
peu à peu montait, se précisait, arrachant aux spectateurs des exclamations de surprise. Bientôt les
deux montants se dressèrent parallèles, oscillant
une seconde, puis soudain se fixèrent immobiles,
ainsi que deux gigantesques bras de fakir tendus
vers le ciel.

Vite une échelle qui ployait fut appliqüée. Des
hommes y montèrent. On hissa une lourde chose qui
semblait lourde comme un sac d'écus. Quelques
tâtonnements... Des glissements de poids dans des

rainures huilées... une corde fut tirée... un ressort
claqua... Et quand les hommes furent descendus, les
deux grands bras rouges, entre leurs poings de
chêne, tenaient haut et ferme une large lame, épaisse,
en forme d'équerre. De toutes les poitrines jaillit un
même cri : « L'couteau ! L'couteau ! » Et chacun le
regardait béant, muet, sans salive. Il était deux
heures et demie.

Alors un monsieur , qui jusque-là s'était tenu à
l'écart et que personne n'avait remarqué, fit quelques pas en avant. Il paraissait avoir de quarante
à quarante-cinq ans. Vêtu d'un paletot de gros drap
dont le col était relevé par-dessus un foulard de soie
blanche, son chapeau à haute forme enfoncé très
en arrière et jusqu'aux oreilles, la barbe épaisse et
d'un roux foncé, il tenait, accrochées derrière son
large dos, ses deux mains non gantées qui secouaient
un trousseau de petites clefs. On distinguait ses poi-
gnets de laine rouge qui dépassaient la manche.

Il avait le buste fort, les épaules carrées, de
courtes jambes. C'était le bourreau. On le devinait
arrangeant et rond en affaires.

S'étant avancé jusqu'au pied de sa guillotine, il
la toisa du haut en bas, la déshabilla du regard, la
posséda, s'absorba en elle durant une minute ou
deux. Puis, il la toucha, la palpa, la caressa, pro-
mena sur elle ses mains satisfaites, puis, comme
pour éprouver son inébranlabilité, lui flanqua plu-

sieurs coups d'épaules, quelques taloches, et de
familières bourrades;... il la regarda par devant, par
derrière, à droite, à gauche, de face et de profil ; il
la flaira, la renifla, l'embrassa ; sur le pavé il se mit
à genoux, comme s'il l'adorait, inspectant ses des-
sous, presque allongé sur le sol, tandis qu'il s'éclai-
rait d'un bijou de petite lanterne sourde, une vraie
lanterne à tenir dans la poche de gilet d'un bourreau. Après, ayant appuyé l'échelle contre les bois,
rapidement il en atteignit le faîte, leste comme un
mousse, fit jouer les ressorts, vérifia la pose du couperet, et redescendit rassuré, un peu las. En sautant
du milieu de l'échelle à terre, il dit à mi-voix :
« Ça ira. »

Seule, sans personne avec elle, la machine maintenant se dressait, sur les cinq pierres usées qui lui
servent de base. Je la regardai, mes voisins la
regardaient, tout le monde la regardait fixement,
comme une chose extraordinaire, qu'on ne reverra
jamais.

Dans cette contemplation, j'éprouvais pour ma
part un double sentiment très étrange. D'abord un
désenchantement profond... Quoi ! l'échafaud , le
formidable et sublime échafaud, c'était rien ? rien
que cela ?

Jusqu'à présent je me l'étais complaisamment
figuré monumental, presque grandiose, avec un
escalier raide et haut, un tragique bourreau sordide-

ment vêtu, un vieil abbé Edgeworth, une vaste
plate-forme que l'on peut arpenter à l'aise, d'où l'on
domine — et non sans défi ! — les cent milles têtes
d'un peuple, si solides, celles-là, qu'elles soient sur
leurs épaules ! Je m'imaginais que la Justice, qui
n'est point ennemie du décor, accordait au moins
au condamné une belle estrade pour payer théâtra-
lement sa dette... et qu'avais-je sous les yeux ? cette
mécanique mesquine et bête. Et cependant (c'était
là ma seconde et plus forte impression), ce piètre et
terre-à-terre échafaud par sa simplicité même, me
causait une incroyable épouvante. Plus solennel, il
m'eût paru moins terrible, presque d'un abord aisé.
Aussi ne pouvais-je détacher mes regards des
échancrures de la lunette, des deux paniers, de la
bascule de bois, du couteau bleu miroitant au clair
de la lune comme un poisson. Les heures passaient
et sonnaient avec une lenteur désespérante.

Il semblait que cette nuit fût une nuit de cauchemar et de limbes, et qu'elle ne dût jamais finir,
mais durer toujours, durer dans une attente qui
centuplait l'angoisse. Chacun de temps en temps
quittait sa place, marchait d'une allure incertaine,
puis, après avoir fait quelques pas, revenait s'établir devant la guillotine, hypnotisé par le couperet.
Au fond des visages livides les yeux brillaient
hagards et féroces, les gorges étaient resserrées, les
doigts crispés comme sur des manches de coutelas.

Une odeur de crime flottait.

Alors une espèce d'avachissement, qui n'était pas
sans douceur, peu à peu m'engourdit tout entier, des
pieds à la tête, ne laissant éveillée en moi que la
seule pensée du *grand moment* bien éloigné encore,
mais dont me rapprochait chaque seconde écoulée.

Tous ceux qui m'entouraient sans doute éprou-
vaient une sensation pareille, car ils avaient cessé
de parler, demeurant debout, alignés sur le trottoir,
dans un recueillement abattu. La colère déchaînée, au
début, contre l'assassin s'était évanouie ; chacun, à
présent, se sentait submergé par une immense
pitié. On oubliait la faute, on pardonnait le meurtre
d'autrui. « Pas de mort ! Plus d'échafaud ! Soyons
indulgents ! Qu'il vive ! qu'il vive !... et dès maintenant ! » Je vous jure pour ma part que je lui eusse
rendu la liberté, si j'avais eu la clef.

Mais l'impénétrable machine, sévère et muette au
milieu de la place, ramenait aussitôt les pensées à
l'évidence, et tous sentaient qu'on ne décommande
pas la Mort, qu'elle était déjà en route, et qu'elle
serait exacte, heure militaire.

Aussi, à la terrifiante perspective de ce spectacle
inconnu, auquel je ne pouvais plus échapper, mes
impatiences redoublèrent, et de toutes mes forces je
réclamais, comme une délivrance, l'instant de la
tuerie ; j'aurai voulu hâter l'arrivée de cette minute
que je redoutais autant que je la convoitais.

Moins endurante encore, la populace hurlait,
demandant sa proie avec de grands cris, rauques,
terribles :

— Ohé Campi ! cré Campi !

— Campi ! Aïe donc !

— Ça va-t-i, mon fi ?

— Oh ! Campo ! chaud, mon Coco !

— Qué tabac ! papa !

Des cascades d'éclats de rire entrecoupaient ces
dégoûtantes clameurs.

— Hu ! Campu ! Hu ! Hu !

Un monsieur se retourna, l'indignation sur le
visage, et cria vers la foule : « Taisez-vous donc ! il
va vous entendre ! »

— Pas de danger, fit un sergent de ville, il dort
sur les deux oreilles, et puis il est trop loin...

Le monsieur tremblait de colère, brandissant un
parapluie énorme, répétant :

— Des sales canailles ! Des sales canailles ! Pas
autre chose !

Déjà les flammes des réverbères commençaient à
jaunir ; vaguement, on voyait au loin ployer les
arbres, balançant des grappes noires de voyous. Une
fenêtre s'ouvrit brusquement au dernier étage d'un
débit de vins, et une voix, — une voix de femme —
chanta :

> « Qui, qui t'mouchera la chandelle?
> » Campi pour elle...

10

La fenêtre fut refermée aussitôt, et pourtant on
entendit la fin du couplet, comme une lointaine
ritournelle :

> « C'est l'bourreau de Mossieu Grévy,
> » Campi pour lui ! »

Le froid, peu à peu, nous avait gagnés ; sur la
terre dure nous battions la semelle, transis.

Cette situation devenait intolérable. Par instants,
pris de folie, je m'imaginais être le principal
intéressé, attendre pour mon propre compte... et je
m'avouais tout bas : « Je ne me tiendrai jamais jusqu'au bout, je mourrai dégoûtamment ; il faudra me
traîner. » A la pensée du crucifix de cuivre que je
devrais baiser, à la minute suprême, je me sentais
défaillir.

Soudain, un grand tumulte s'éleva, dissipant le
cauchemar qui m'assaillait, des sabots de chevaux
retentirent sur le pavé ; c'était le peleton des gendarmes.

Ils s'avançaient, au pas, écartant leurs fortes
jambes bottées, doux colosses à bonne figure ; et
leurs chapeaux à cornes se découpaient sur le ciel
vert d'eau. Ils se placèrent sur deux rangs, face à
l'échafaud, l'officier à deux mètres en tête. Je ne
sais pourquoi leur vue me réconforta, me fit du
bien ; je les aurais embrassés, pour la sévère émotion
qui crispait leurs traits rudes, pour leurs bouches

hermétiquement contractées sous la grosse moustache.

Tout à coup, M. Deibler ayant consulté sa montre, marcha droit vers M. Caubet qui parlait au milieu d'un groupe, et lui dit quelques mots qu'on n'entendit pas ; ce dernier aussitôt se dirigea vers la prison, escorté de cinq ou six individus qui le suivaient sans entrain, la tête basse. La petite porte de la Roquette se referma sur eux sans bruit.

Ils allaient réveiller *l'homme.*

Une large rumeur monta, une rumeur qui se prolongea pendant plusieurs minutes avant de s'apaiser. Les mêmes pensées tumultueusement se pressaient... se pressaient dans tous les cervaux.

Il faisait clair à présent, et dans le ciel limpide, fondaient les dernières étoiles. Tout le monde se serrait, se tassait contre les sergents de ville échelonnés sur le bord du trottoir.

Devant la guillotine M. Deibler, fébrile, allait et venait, tapant des pieds. A tout instant des cris s'élevaient : « C'est lui !... » Le voilà ! Mais la haute porte de la prison demeurait close, et l'on retombait, après chaque alerte, à une angoisse plus torturante, plus aiguë.

... Mais un silence du jugement dernier s'établit. Un immense frisson nous glaça tous, debout, dressés sur la pointe des pieds, cou tendu, les yeux tirés hors des paupières, et fixes...

La porte s'ouvrait.

A partir de cette minute, je me rappelle tout. Mon voisin m'avait empoigné le bras.

— Si je m'en vais, monsieur, retenez-moi !

Derrière moi quelqu'un dit : « Le curé a le trac... c'est son premier ! »

Je regardais affamé. Immédiatement ce fut *lui* qui m'apparut : blanc, sans bras, les jambes collées, la tête rasée de partout, ronde comme une boule ; puis à ses côtés, le prêtre tout noir, encore jeune, répétant ces seuls mots qui s'entendaient très distincts : « Mon cher ami, mon cher ami... »

Les aides-bourreaux, pleins de prévenances, poussaient par derrière : « là... allons, là... » sans brusquerie aucune.

Vingt pas de la porte à l'échafaud.

Campi d'abord en fit sept à huit, par petits sauts. Je revois ses espadrilles et la mince courroie qui sanglait son pantalon. Il avait le cou démesurément allongé, les yeux fous, la bouche grimaçante.

A moitié chemin, il s'arrêta et contempla la foule... avec quel dédaigneux sourire, nul ne saurait se l'imaginer !

Plus pâle que lui, le prêtre bégayait des mots sans suite, agitant son menu crucifix.

Ils s'avancèrent encore de quelques pas. Maintenant ils n'étaient plus éloignés de la... du... que de deux mètres. A bras-le-corps l'aumônier avait saisi le misérable et le gardait serré sur sa poitrine.

— Voulez-vous m'embrasser ? lui demanda-t-il en sanglotant.

— Je veux bien, m'sieur, fut-il répondu, mais très bas.

Et tout de suite un double baiser claqua, dans l'air froid de l'aube.

Le prêtre, défaillant, s'écarta. Debout, *l'homme* vivait, respirait.

En une seconde, comme s'il bondissait d'un tremplin, il fut, tête première, lancé et aplati, avec un bruit de paquet de cordes, sur la planche qui chavira. Le bourreau gesticula... Une... deux !... Le couteau partit.

Je pensai : « Cette fois... »

... Boum !

— Atout ! jeta un gavroche du haut d'un marronnier.

L'Exécution (1).

Tout est prêt ; l'aube vient, quatre heures ont sonné
C'est le moment d'aller querir le condamné !
Monsieur le directeur entre dans la cellule ;
L'escarpe dort, on va lui dorer la pilule.
Il fait dodo, l'escarpe ! Il s'agit d'être humain
Monsieur le directeur, son chapeau, dans la main.
Jette un regard éteint sur tout son entourage,
Et balbutie : Allons, mon ami, du courage !

(1) *La Populace,* par un républicain. (Paris, 1886.)

On dirait qu'il se parle à lui, tant il est blanc,
Et tant sa langue adhère à son palais tremblant.
Misère! j'entrerais couvert, moi, dans cet antre ;
C'est à grands coups de poings et de pieds dans le ventre
Que je réveillerais le reptile endormi !
Ah ! je l'arrangerais, moi, votre pauvre ami !
Voyez-vous, cet enfant innocent, cet ange ;
A qui l'on dit, pardon, parce qu'on le dérange !
Je lui crierais : Debout, crapule ! il faut marcher ;
Et par la peau du cou, le portant au boucher,
J'ajouterais, dans mon ivresse et dans ma joie :
Eh bien! fais le malin, à présent, qu'on te voie !

L'exécution de Gamahut. — Jeudi matin, le président de la République rejetait le recours en grâce de Gamahut et, à six heures du soir, le parquet du procureur général, sur l'avis du garde des sceaux, envoyait les ordres d'exécution au service de la sûreté, ui prenait ses mesures.

Dès minuit la place de la Roquette avait été envahie par la foule. Des curieux s'étaient couchés par terre, dans des coins sombres, attendant que « le moment » fût venu ; d'autres chantaient, s'interpellaient, discutaient.

Vers une heure et demie sont arrivés sur la place : MM. Caubet, chef de la police municipale ; Blin de Ballue et Morice, officiers de paix des brigades centrales ; Siadoux et Baurain, officiers de paix des onzième et douzième arrondissements ; Baron et Hamon, commissaires de police des quartiers de la Roquette et de la Folie-Méricourt, qui ont fait prendre les précautions d'usage.

Cinquante hommes de la garde républicaine à cheval, quatre-vingt-dix à pied, deux cents gardiens de la paix ont fait évacuer la place.

A deux heures un quart sont arrivées les deux voitures portant l'une M. Deibler et ses aides, l'autre les bois de justice.

On a alors monté la machine à la lueur des lanternes posées sur des madriers.

Le bourreau surveillait la lugubre opération.

Le montage de la guillotine terminé, M. Deibler a essayé le jeu du couteau, à trois reprises.

Il faisait presque jour ; MM. Kuehn, chef de la sûreté ; Baron, commissaire de police ; Favrot, greffier de la cour, et Persac, juge d'instruction, qui attendaient à l'intérieur de la prison, dans le cabinet du directeur, ont été prévenus par M. Deibler, que tout était prêt.

A quatre heures vingt-cinq, M. Beauquesne, directeur de la Roquette, accompagné de M. Faure, aumônier, et des fonctionnaires présents, ont pénétré dans la cellule du condamné, qui s'était éveillé en entendant ouvrir la porte, et recouvert la tête avec les draps de son lit dans un mouvement de frayeur.

Le directeur lui a annoncé que son pourvoi était rejeté et que son recours en grâce était repoussé.

Le condamné est resté un moment hébété, puis

s'est levé sur son séant sans dire un mot. Il s'est ensuite mis debout et habillé sans l'aide de personne.

Il paraissait résigné et a demandé à M. Beauquesne de rester seul avec l'aumônier, aux pieds duquel il s'est jeté. L'entretien a duré deux minutes environ

Il a été ensuite conduit dans l'arrière-greffe où il a été livré aux exécuteurs.

Pendant que ceux-ci procédaient à la toilette, le chef de la sûreté lui a demandé s'il avait quelques révélations à faire et s'il n'avait rien à déclarer ?

— Non ! rien ! a répondu le condamné. Il a refusé encore de boire ou de manger.

La toilette qui, on le sait ne consiste plus qu'à placer les entraves aux pieds du condamné, celui-ci ayant les cheveux coupés ras dès son entrée à la Roquette, a duré cinq minutes.

L'opération de la toilette terminée, l'aumônier a pris le bras gauche du condamné, tandis qu'un aide de l'exécuteur se plaçait à sa droite, sans toutefois le tenir.

Gamahut s'est mis en marche assez vivement, autant que le lui permettaient les entraves qu'il avait aux pieds, et c'est pour ainsi dire sans aucun aide qu'il est arrivé devant l'échafaud.

Là, l'aumônier qui lui masquait, autant que possible, la terrible machine, lui a dit : « Pensez à Dieu ! — Oui monsieur le curé », a répondu distinctement le condamné. Ce sont les dernières et seules paroles qu'il ait prononcées.

Il a regardé à droite et à gauche la foule, puis la guillotine ; à ce moment, il a été saisi d'un petit spasme.

Il était quatre heures quarante minutes lorsque le couperet est tombé, produisant une sorte de glissemen gras et non le bruit d'un coup sourd, comme on a l'ha. bitude de le signaler à chaque exécution.

Justice était faite.

Moins de trois quarts d'heure après l'exécution, le corps de Gamahut était rendu, dans la voiture du bourreau, au Champ-de-Navets, à Ivry, où, après les dernières prières, il fut remis à M. Laborde, chef de laboratoire de M. Béclard, professeur de physiologie à la Faculté de médecine, qui l'a reçu dans la voiture de l'École de médecine, pour être transporté au laboratoire de physiologie de la rue Rollin.

Durant le trajet et dans la voiture, qu'ils avaient aménagée à cet effet, M. Laborde et deux de ses préparateurs constatèrent que l'excitation directe par l'électricité du cerveau provoquait des mouvements des muscles de la face.

Au laboratoire de la rue Rollin, où se trouvait déjà M. le professeur Béclard ainsi que deux suppléants au Collège de France, des expériences sur l'innervation du nerf facial furent faites par ces messieurs et donnèrent des résultats très intéressants au point de

vue médical, mais le résultat principal est que la
sensibilité ordinaire est complètement abolie, ce qui
concordait avec le résultat des expériences, faites
quelques instants auparavant, durant le trajet d'Ivry
à l'École par M. Laborde et ses préparateurs.

Pendant ce temps, diverses autres expériences furent pratiquées sur le corps de Gamahut par M. Laborde ; toutes arrivèrent au même résultat, savoir
que si la vie végétative, c'est-à-dire la vie partielle
de chaque organe est conservée, la vie animale, c'est-
à-dire la vie de sensibilité, permettant de percevoir
et de répondre par l'intermédiaire d'une sensation
perçue, était totalement abolie.

Le cerveau de Gamahut, dont l'examen fut fait par
M. le suppléant au Collège de France, ne présentait
aucune lésion visible à l'œil nu, il avait un aspect
tout à fait normal.

Gamahut présentait un développement considérable des mâchoires ; ce développement énorme des
mâchoires a déjà été constaté par ces docteurs sur
les derniers exécutés de Paris, il est fort intéressant
au point de vue anthropologique.

Après ces expériences, le corps de Gamahut fut remis à M. S.... pour qu'il en fît l'étude anatomique,
et sa tête à l'école d'anthropologie afin que son cerveau
et son crâne fussent moulés.

M. le docteur Laborde, chef des travaux de physiologie, a lu, à l'Académie de médecine, une note

extrêmement intéressante, en ce qu'elle se rattache à la question, maintes fois agitée et jamais résolue, de la survie chez les décapités (1887).

Le mémoire de M. Laborde est intitulé : *Recherches et expériences sur deux suppliciés (Frey et Rivière).* — *Contractions et mouvements provoqués de l'estomac dans ses diverses régions.* — *Rappel des contractions rythmiques de l'oreillette droite.*

Le 4 octobre dernier, les nommés Frey et Rivière, qui avaient assassiné la veuve Deshayes, boulevard de Charonne, étaient guillotinés place de la Roquette. Les restes des suppliciés n'arrivèrent au laboratoire qu'à sept heures quinze, c'est-à-dire une heure et demie seulement après l'exécution, ce qui suggère à M. Laborde les réflexions suivantes :

« Il faut, jusqu'à nouvel ordre, se résigner, à Paris. à ce retard que ne saurait justifier, nous ne cesserons de le répeter, le voyage légendaire, absolument platonique au Champ-de-Navets, et qui empêche les recherches vraiment intéressantes. Il est cependant une de ces recherches que nous avions depuis longtemps inscrite sur notre programme, et dont la possibilité se conciliait avec la survie la plus longue, après la mort de l'une des propriétés fonctionnelles du tissu : la *contractilité musculaire ;* c'était l'étude des mouvements propres de l'estomac accompagnée d'expériences sur le cœur.

Des deux assassins, l'un, Frey, avait été surnommé

Pas-de-Chance, sobriquet tiré d'une inscription en tatouage et très visible à distance ; il portait en outre à la face antérieure des avant-bras, deux autres tatouages (1) exprimant une idée amoureuse tout à fait banale.

La taille de Rivière était de 1 m. 79 ; celle de Frey 1 m. 71. L'un et l'autre étaient vigoureux, bien musclés, plutôt maigres. Rivière, exécuté le premier, montra moins de sang-froid que son camarade.

A l'autopsie, M. Laborde constate que les deux corps sont globuleux, durs et contractés ; le ventricule gauche est contracté, tandis que le ventricule droit est flasque et dilaté, quoique vide de sang. Ce contraste n'est pas fréquent chez les décapités. « C'est la contraction totale et énergique dans un dernier effort systolique et dont les cœurs de Campi et de Gamahut, que nous avons conservés, offrent un exemple caractéristique. »

Sous l'influence d'un courant électrique, on constate, à deux reprises, une contraction spontanée partant de la pointe de l'auricule et se propageant à l'oreillette ; deux fois aussi on obtient une contraction de l'oreillette.

Ces constatations confirment le fait de la persistance dernière des contractions, après la mort, de l'oreillette.

Pour l'estomac et pour l'intestin, la contracti-

(1) *Du Tatouage*, par le professeur LACASSAGNE.

lité des fibres musculaires des parois est conservée.

Ayant rapidement enlevé l'estomac de Frey, M. Laborde le plonge dans un bain d'eau salée porté à la température de 45 degrés, puis peu à peu à celle de 50 degrés, en ajoutant de l'eau surchauffée. Il se produit alors une sorte de retrait des parois ridées de l'organe, une véritable contracture persistante : l'estomac a pris la forme d'un boyau allongé.

Entièrement vide d'aliment, l'estomac de Rivière exhale une forte odeur d'alcool (avant de marcher au supplice, le condamné a bu un verre d'eau-de-vie) ; la surface de la muqueuse offre une coloration jaunâtre, orangée, et est semée d'ulcérations, traces d'altérations anciennes.

La muqueuse de son estomac est pâle et décolorée.

Au point de vue des caractères anthropologiques de la tête et de son contenu, du squelette et des muscles, une étude minutieuse et complète a été faite au laboratoire de l'École d'anthropologie, par M. Schudzinski, et elle sera publiée dans tous ses détails.

Le président de l'Académie, M. Sappey, annonce, après cette lecture, que le très remarquable travail de M. Laborde est renvoyé à une commission composée de MM. Mathias Duval et Luys.

Comme après l'exécution de Gagny, des expériences de physiologie ont été pratiquées, sous la direction du docteur Laborde, sur le cadavre du décapité Heurtevent.

Ces expériences ont porté surtout sur le système nerveux; le docteur Laborde s'attache à rechercher s'il n'y aurait pas possibilité de ramener la sensibilité immédiatement après la décapitation et s'il n'y aurait pas moyen de rappeler la vie, ne serait-ce qu'un instant ?

Quel que soit l'intérêt que semble prendre le docteur Laborde à ces sortes d'expériences, nous doutons que la science puisse en retirer de réels résultats, et nous avouons que nous préférons de beaucoup les expériences de physiologie faites sur des chiens ou sur d'autres animaux, plutôt que sur un cadavre humain.

Fausse sensibilité, dira-t-on. Cela est possible, mais le respect de l'homme, même déchu, doit toujours l'emporter sur tout autre sentiment, et si l'on peut prouver que la science peut se passer de ces sinistres expériences, qu'on les supprime.

Il vient d'y avoir à la Société de biologie une très vive discussion entre M. Paul Bert et le même docteur Laborde.

M. Paul Bert est président de la Société de biologie ; après le rapport du docteur Laborde, il s'éleva contre le principe même des expériences sur les décapités, et termina en disant que, devant la responsabilité morale encourue par les expérimentateurs, il avait absolument renoncé à les tenter.

La discussion est allée bien loin. Des paroles très

vives ont été échangées dans cette discussion.

Voici un fragment du débat :

M. P. BERT. — Je me garderai bien de donner des conseils à M. Laborde, qui a, plus que moi, l'habitude de fréquenter les décapités...

M. LABORDE. — Sans doute, car vous n'avez jamais fait ces sortes d'expériences... (1).

M. P. BERT. — Je vous ai dit pourquoi...

M. LABORDE. — Parce que vous n'avez pas pu ; vous avez tout fait pour m'enlever le cadavre d'Heurtevent.

La question est donc ouverte ; elle va continuer, il n'en faut pas douter, entre les deux éminents physiologistes. Pour nous, ce qu'il nous importe surtout de savoir, c'est si ces expériences sont ou ne sont pas *indispensables* à la science. Si elles n'offrent aucun intérêt, qu'on les supprime donc.

Une exécution à Caen. — 18 juillet 1885. M. Deibler vient d'exercer sa sinistre tâche à Caen. Il y a trois semaines à peine qu'il était à Troyes pour l'exécution de Gagny. Hier, il installait les bois de justice sur la place Saint-Martin, à Caen. On voit que ce n'est pas une sinécure, en ce moment, que d'être grand bourreau de France, sans compter les exécutions qu'il a en perspective. Les scènes scan-

(1) M. Paul Bert est allé mourir au Tonkin, où il était résident général sous le ministère de Freycinet.

daleuses qui avaient marqué l'exécution de Gagny
ne se sont pas renouvelées à Caen. La foule (car il y
avait foule) a été calme, quoique profondément émo-
tionnée par le spectacle grave qu'elle a eu sous les
yeux.

L'exécuté Heurtevent avait, en compagnie et avec
l'aide d'un complice nommé Montsallier, assassiné
une vieille femme pour la voler. Une somme de cinquante francs avait été le prix de l'assassinat.

Montsallier, plus heureux et moins coupable
qu'Heurtevent, avait reçu sa commutation de peine.
A cette nouvelle, il éprouva tant de joie qu'il faillit
perdre connaissance.

Heurtevent fut donc seul exécuté.

Quand le condamné fut averti de son sort, il
éprouva une vive émotion et protesta vivement de
son innocence. « Il est bien vrai, dit-il, que j'ai volé
quarante francs, mais je n'ai pas touché à la femme,
c'est Montsallier qui a fait le coup. »

C'est avec la plus grande peine que les aides du
bourreau purent parvenir à lui faire la toilette habituelle. Il se débattait, mordant et frappant, et comme
il était doué d'une certaine force, il ne fut pas facile
de le maintenir.

Voici comment *l'Avenir du Calvados* raconte les
détails de l'exécution :

Après avoir traversé, non sans difficulté, la
double haie de curieux qui se pressait sur la place

Saint-Martin, le fourgon s'est arrêté au pied de l'échafaud. Heurtevent, descendu, franchit d'un pas assuré la courte distance qu'il doit parcourir, puis, se tournant vers le groupe de spectateurs le plus voisin, il dit : « Je meurs innocent; vengeance sur le jury ! »

A peine a-t-il prononcé ces paroles, que les aides s'emparent de lui et le couchent sur la planche. Elle fait bascule, l'exécuteur est à son poste ; Heurtevent, rassemblant toutes ses forces dans un suprême effort, dégage sa tête de la lunette; en moins de temps qu'il n'en faut pour le dire, l'un des aides saisit la tête pour la replacer, et justice est faite.

A cinq heures, la guillotine était complètement démontée et la foule s'écoulait lentement, vivement impressionnée par ce funèbre et terrible spectacle.

Le décapité doué de sensibilité. — Il y a quelques jours, on exécutait à Riom un assassin, le nommé Biton. De curieuses expériences ont été faites, à la maison d'arrêt, sur la tête du décapité, aussitôt après l'exécution.

Trente secondes après la chute du couperet, M. Deibler apportait au docteur la tête du supplicié, qui avait été tranchée au niveau de la partie supérieure du larynx, le couteau ayant traversé l'intervalle compris entre les deux vertèbres. La tête était blafarde, mais n'était pas encore vide de sang, ni totalement décolorée. Les paupières étaient closes.

Il s'agissait de compléter les expériences tentées à Paris par M. le docteur Laborde.

En présence du corps médical et de la magistrature, M. le docteur Pajolat, professeur à l'École de médecine de Clermont, a pratiqué des essais tendant à savoir si la sensibilité persiste après la décollation.

Le globe oculaire étant découvert et touché au moyen d'un instrument piquant, l'œil se meut avec rapidité à plusieurs reprises différentes. Cette expérience a été répétée avec succès sur la demande d'un des magistrats présents.

Un fort sifflement ayant été produit près de l'oreille gauche, l'iris de ce même côté s'est dilaté d'une façon sensible.

La muqueuse tapissant les fosses nasales est restée insensible, mais le docteur a provoqué, à plusieurs reprises, les mouvements de la déglutition.

Les expériences de transfusion de sang qui devaient être faites sur la tête du supplicié, n'ont pu avoir lieu pour des raisons indépendantes de la volonté de l'expérimentateur.

L'autopsie, au point de vue de l'organisation cérébrale, a été faite dans la soirée ; conformément aux instructions ministérielles, un procès-verbal relatant les résultats de l'opération sera dressé par le service médical.

M. Charcot a fait, le 28 juin 1887, à l'Académie de

médecine, une communication sur les études faites récemment à Amiens par les docteurs Paul Regnard et Loyez sur le cadavre d'un supplicié. L'examen des deux expérimentateurs a commencé *deux secondes* après l'exécution. A ce moment, la tête ne donnait plus aucun signe de vie. Le mouvement réflexe, par irritation de la cornée, a subsisté jusqu'à la sixième seconde, ainsi que les mouvements des muscles de la mâchoire. Les battements du cœur, par l'afflux du sang, ont persisté pendant soixante minutes. On admet ainsi que la mort a lieu, non par asphyxie, mais par inhibition, comme dans les exemples signalés par M. le professeur Brown-Sequard.

L'irritation violente des nerfs du cou retentit sur le cœur, et la mort survient par un phénomène d'arrêt.

En somme, mort très calme, beaucoup plus calme assurément que celle donnée aux victimes par les assassins, les seuls pourtant dont s'occupent aujourd'hui la curiosité et la sympathie du public.

Exécution capitale à Amiens. — Désiré Gaussuin, condamné à mort pour parricide par la Cour d'assises de la Somme, le 27 avril 1886, a été exécuté mercredi matin, à cinq heures, sur la place du Marché-aux-Chevaux.

Dès minuit, une foule nombreuse qui ne cesse de

s'accroître envahit les abords du lieu de l'exécution, contenue à grand'peine par un cordon de chasseurs à cheval.

Vers une heure, arrive la voiture renfermant les bois de justice. M. Deibler et ses aides procèdent au montage de la sinistre machine.

La guillotine actuelle ne dépasse pas la hauteur de 7ᵐ,50. Le couteau, fixé entre les deux portants, est du poids de 20 kilogrammes, surchargé encore par une masse de plomb de 60 kilogrammes.

La voiture qui a servi à amener l'échafaud repart pour la prison des Grands-Chapeaux, où le rejet du pourvoi et du recours en grâce est annoncé à Gaussuin.

Hébété, il ne comprend pas tout d'abord, et ce n'est qu'au bout d'un instant, sur de nouvelles explications, qu'il voit que le dernier moment est arrivé. Gaussuin devient alors d'une pâleur livide.

— N'avez-vous rien à dire? lui demande M. Boutet, procureur de la république.

— Ben! à quoi qu'ça servirait? répond le criminel; ça ne changerait rien.

Puis il se confesse, assiste à la messe et communie. Il demande ensuite une tasse de café noir, qu'on s'empresse de lui donner, embrasse la femme du gardien-chef, en lui disant : « Portez-vous bien, madame », et monte dans le chariot qui doit le conduire au supplice.

Il est soutenu par M. l'abbé Corblet, aumônier des prisons, et les deux aides du bourreau.

La voiture s'arrête à l'entrée du Marché-aux-Chevaux, et le parricide Gaussuin fait à pied, en chemise, la tête recouverte d'un voile noir, la centaine de pas qui le séparent de l'échafaud.

Il s'avance d'un pas ferme. Les aides le placent sur la bascule et la partie supérieure de la lunette lui retombe sur le cou. Gaussuin fait alors un mouvement pour se dégager ; mais, au même moment, le couteau glisse dans la rainure, et la tête de l'assassin roule dans le panier. Justice est faite. Le tout a duré une minute.

La face de Gaussuin est horriblement contractée. Les dents sont rapprochées avec une force étonnante, et les yeux, tout grands ouverts, ont une expression de frayeur terrifiante.

Les restes du criminel sont placés dans un fourgon des pompes funèbres et conduits au cimetière de la Madeleine, où a lieu un semblant d'inhumation, puis le cadavre est mené à l'hôtel-Dieu, pour servir de sujet à plusieurs expériences.

Les condamnés à mort. — La cour de cassation a, dans son audience d'hier, rejeté les pourvois formés par Demangeot, auteur de la tentative d'assassinat contre Mme Roux, la débitante de tabac de la rue Boissy-d'Anglas, et Rossel, l'assassin de

Mme Loyson, rue Gay-Lussac, condamnés, l'un et
l'autre, à la peine de mort par la cour d'assises de
la Seine. Le lendemain, ils étaient, bien entendu,
graciés.

Pour arriver à un pareil résultat, à quoi bon in-
former sur les crimes commis?

Pourquoi mettre en campagne des agents de police, des gendarmes, pourquoi déranger des juges
d'instruction?

Les chiens finissent par se décourager quand ils
accompagnent un chasseur — toujours et volontairement maladroit. — M. de Paris exerce une véritable sinécure et quand, par exception, il rentre
en scène, est-on bien fondé à critiquer l'incertitude,
le manque de sûreté de sa main (1)?

MM. Bérenger, Bardoux, de Marcère, sénateurs,
ont présenté une proposition de loi portant « aggra-
vation de la peine des travaux forcés à perpétuité
au cas où elle est substituée à la peine de mort,
soit par suite de l'admission des circonstances at-

---

(1) M. Bardoux, sénateur, dans une pensée de sensibilité qui
ne sera pas comprise en notre pays, où il faut surtout pour la
justice le grand jour, a demandé que les exécutions capitales
aient lieu à huis clos, dans l'intérieur des prisons. En France, on
n'y croira plus.

Les exécutions militaires ont lieu en présence de tout les régi-
ments de la garnison qui défilent, musiques et tambours en tête,
devant le cadavre du supplicié.

C'est plus crâne, plus exemplaire surtout !

ténuantes par le jury, soit par l'effet de la commutation de peine. »

Nous y trouvons les renseignements suivants :

L'Italie n'a eu aucune exécution capitale depuis 1875. Il n'y en a eu aucune en Belgique depuis 1863 ; presque aucune en Suède depuis de longues années, aucune dans ceux des cantons suisses où la peine de mort a été maintenue.

En Autriche, la moyenne des exécutions par rapport aux condamnations capitales, qui était de 31 0/0 avant 1853, est descendue à 8 0/0 de 1853 à 1870. Elle n'a été, de cette dernière date à 1881, que de 1 0/0.

L'empereur d'Allemagne s'est refusé, de 1851 à 1858, à faire exécuter aucune des 340 condamnations capitales prononcées par les tribunaux. Depuis, à la suite de grand crimes politiques, quelques exécutions ont eu lieu. Elles sont au nombre de 17 sur 349 condamnations, soit de moins de 5 0/0.

La Russie n'applique guère plus le châtiment suprème qu'aux crimes politiques.

En France, les cinq dernières années donnent les chiffres suivants :

En 1882, condamnations à mort, 35 ; exécutions, 4 ; proportion des grâces 11 0/0. En 1883, condamnations à mort, 25 ; exécutions, 3 ; proportion des grâces, 12 0/0. En 1884, condamnations à mort, 30 ; exécutions, 7 ; proportion des grâces, 23 0/0. En

1885, condamnations à mort, 39 ; exécutions, 12 ;
proportion des grâces, 30 0/0. En 1885, condamnations à mort, 32 ; exécutions, 10 ; proportion des
grâces, 33 0/0.

Dans les prisons de Bordeaux, depuis 120 jours,
Ramirez-Rojas, condamné à mort pour avoir assassiné le docteur Eyffren et sa femme, et les avoir
dévalisés, attend son exécution différée *toujours*.
Pourquoi ces retards inexpliqués, après que la Cour
de cassation a rejeté le pourvoi ?

Quelques jours après, le chef de l'État doit statuer,
après un rapide examen, et laisser la justice du pays
avoir son cours.

Londres, 1ᵉʳ août 1887.

Ce matin, après le lever du jour, a eu lieu l'exécution d'Alfred Sowrey, commis du mont-de-piété,
pendu dans la cour de la prison de Lancaster.

Le crime d'Alfred Sowrey, jeune homme de
24 ans, était d'avoir — dans un accès de rage et de
jalousie — tué sa fiancée, Annie Kelly, d'un coup de
revolver, après quoi il avait tourné l'arme contre
lui-même et tenté vainement de se suicider.

On s'étonnera à l'étranger qu'un crime pareil
— dont l'auteur eût ailleurs bénéficié des circonstances atténuantes — ait entraîné la peine de mort.

C'est déjà beaucoup qu'on ne pende pas deux
fois un assassin au lieu d'une, dans un pays où le
code criminel, terriblement rigoureux, infligeait —

il n'y a pas si longtemps — la peine de mort, pour
un simple faux en écriture.

Ce qui est terrible, dans le cas d'Alfred Sowrey,
c'est la scène qui a marqué son exécution.

Sowrey — qui paraissait d'un tempérament ex-
cessivement impressionnable, a résisté, avec violence, aux aides du bourreau, quand ils sont venus,
dans sa cellule pour procéder à sa dernière toilette.
Quand le condamné a été introduit dans la cour où
se trouvait la potence, il a poussé, à la vue de la fatale machine, des cris d'horreur, qui ont remué les
assistants jusque dans les entrailles.

C'est Berry, l'exécuteur ordinaire des hautes œuvres, qui présidait à l'affreuse cérémonie ; il déclare
n'avoir jamais, jusqu'ici, eu affaire à un condamné
si difficile. — Quatre geôliers ont dû littéralement
traîner le malheureux jusqu'à la potence.

Il se débattait, pleurait, hurlait et poussait des cris
de terreur, qui eussent fait fuir des bêtes fauves.
C'est avec la plus grande peine qu'on est parvenu à
le hisser sur la planche. Encore deux hommes ont-
ils dû y monter avec lui et le maintenir de force,
pendant qu'on lui passait le lacet autour du cou. A ce
moment Sowrey a poussé un cri terrible, suprême,
que n'oublieront jamais les assistants de cette lugubre scène.

Peine de mort. — La Cour de Darmstadt condam-

nait récemment le brigand Wettmann à la peine de
mort. Il refusa tout d'abord de demander grâce de
la vie, puis il adressa un recours au grand-duc, recours qui fut repoussé. Mercredi dernier, on annon-
çait au condamné la fatale nouvelle du rejet de son
recours et on lui apprenait que son exécution était
fixée au lendemain, à sept heures.

Wettmann, à qui on avait donné deux compagnons pour le distraire et le surveiller, accueillit la
nouvelle avec le plus grand sang-froid. On le trans-
féra dans la cellule des condamnés à mort; quatre
gendarmes furent chargés de le garder; les accès de
la prison furent gardés et interceptés à la circulation.
Des dispositions furent prises pour que l'exécution
n'eût pas lieu en public; car précédemment il avait
été fait un commerce scandaleux des places favora-
bles aux divers étages des maisons voisines. En conséquence, l'échafaud qui venait d'arriver de Mayence,
fut dissimulé derrière des toiles dressées dans le fond
d'un petit jardin. Wettmann ne témoignait aucun
repentir; il devait néanmoins recevoir dans la nuit
la visite de quelques parents. Tout était donc prêt,
il ne manquait plus que le bourreau ; celui-ci devait
arriver de Saxe par le train de dix heures du soir,
mais il n'arriva pas.

Pendant toute la nuit le condamné fut d'humeur
assez joyeuse, il but du vin qu'on avait fait servir, il
se moqua de nouveau de la justice en désignant mi-

nutieusement la place où il disait avoir enfoui, dans un jardin, les 8,000 marcs qu'il avait volés à ses victimes. Des recherches faites immédiatement prouvèrent que le cynique bandit avait encore joué l'autorité.

L'absence du bourreau avait forcément retardé l'exécution de vingt-quatre heures. Elle aurait dû avoir lieu le vendredi ; mais ce jour-là était l'anniversaire de la grande-duchesse, il ne pouvait donc être question d'exécuter un homme ce jour-là, et le condamné dut attendre quarante-huit heures qu'il plût à ses juges de faire exécuter leur arrêt. Samedi matin, tout était prêt. Wettmann avait fait bonne contenance, mais trois jours d'attente et de lutte sur lui-même avaient usé son énergie. Quand on voulut le conduire à l'échafaud, il n'était plus qu'une masse inerte ; quatre gendarmes durent porter ce corps jusqu'à la plate-forme. Le pasteur prononça encore une prière ; enfin la hache mit fin à cette scène épouvantable.

L'émotion qu'a causée cette suite d'incidents est très grande ; l'inexactitude du bourreau, les nécessités de l'étiquette de cour ont prolongé de deux jours les angoisses d'un misérable condamné à la peine de mort et cette torture morale, qui a duré quarante-huit heures.

Dans les affaires capitales, les circonstances atténuantes sont admises en faveur de 289 accusés, sur 312 (92 0/0).

Dans les crimes entraînant les travaux forcés à perpétuité, 218 sur 293 (74 0/0).

Dans les crimes entraînant les travaux forcés à temps, 1,082 sur 1,646 ont bénéficié des circonstances atténuantes (66 0/0).

Pour les crimes passibles de réclusion, 766 fois sur 950 (81 0/0).

Les magistrats, dans l'application de la peine, ont épuisé leur pouvoir d'atténuation, pour les crimes passibles des travaux forcés à temps, 69 fois sur 100 ;

Des travaux forcés à perpétuité, 47 fois sur 100 ;

De la peine capitale, 76 fois sur 100.

Les journaux (à propos d'une récente condamnation à mort, prononcée à Paris) ont reproduit, pour expliquer des lenteurs, une note qui n'a aucune signification. Nous croyons devoir la reproduire :

Le dossier de l'affaire Pranzini a été transmis au procureur général, qui, *à son tour, après un nouvel examen minutieux* (*pourquoi ?*), l'envoya à la chancellerie.

Là, le bureau des grâces a fait une *nouvelle revision des pièces du procès* (*comment et pourquoi ?*).

Ce travail dure quelquefois une semaine (à combien d'heures par jour ?).

Après examen, le garde des sceaux remet le dossier entre les mains du chef de l'État, qui (s'il n'est à Mont-sous-Vaudrey) reçoit les dossiers deux fois par semaine, *le mardi et le jeudi.*

On arrive ainsi à un délai de 50 jours sans aucun résultat sérieux (1).

Le condamné, il est vrai, en profite, ainsi que quelques taverniers, voisins du lieu de l'exécution, lesquels spéculent ainsi sur le supplice annoncé, reculé, démenti, parfois supprimé.

(1) L'éducation philosophique de Louis-Philippe l'avait fortement empreint des théories humanitaires du xviiie siècle, et, à cet égard, les leçons de Mme de Genlis avaient été complétées par les massacres de septembre. Chaque arrêt de mort à signer coûtait au roi plusieurs nuits d'insomnie. Si, en ce qui concernait les criminels vulgaires, il avait bien vite compris qu'un chef de pouvoir exécutif n'a pas le droit de mettre sa sensibilité personnelle au-dessus de l'intérêt social, en matière politique, du moins, il manifestait toujours ses répugnances.

CHAPITRE IX

Les grâces.

Préférant miséricorde à rigueur des lois. (*Formule des lettres octroyées par les rois de France.*)

C'est un grand ressort des gouvernements modérés que le droit de faire grâce ; ce pouvoir que le prince a de pardonner, exécuté avec sagesse, peut avoir d'admirables effets. (MONTESQUIEU, *Esprit des Lois*, C. VI.)

Beaucoup de personnes, dans toutes les classes sociales, s'élèvent avec indignation contre l'abus fait, de nos jours, du droit de grâce, au moment même où les crimes augmentent partout avec une audace toujours croissante.

Est-ce donc la faute des événements politiques dont nous subissons la rude épreuve (1) ?

Faut-il l'attribuer aussi à toutes les libertés, de la parole, de la presse, du droit de réunion, imprudemment concédées ou audacieusement usurpées ?

La religion, la justice ont été attaquées dans leurs représentants les plus élevés comme les plus humbles.

(1) *Pénalités anciennes* (supplices, prisons et galères). PLON, éditeur.

Les bons ont tremblé et les méchants seuls ont été rassurés.

Sous l'ancienne monarchie, le droit de grâce, cette précieuse prérogative de nos rois, fut réglé par les anciennes ordonnances, qui disaient, d'après les jurisconsultes, que *le prince ayant l'autorité d'imposer des peines, était aussi le seul maître et dispensateur des grâces.*

Comme dans l'antiquité, le souverain était le chef suprême et absolu, le seul pasteur du peuple, il le possédait comme sa chose propre, et, avait sur ses sujets un droit de vie et de mort, étant le maître de la religion et de la justice, dont il était le réel et visible représentant sur la terre.

Nous allons rapidement et successivement examiner quel était, en France, sous la royauté, l'état des crimes, les peines appliquées pour les réprimer, enfin les faits dignes d'indulgence, de pitié, sur lesquels descendait la miséricordieuse clémence des souverains, qu'elle fût ou non sollicitée par les juges ou par les coupables. Les textes originaux parlent plus haut que les commentaires.

En France, après les temps de barbarie réprimée par la force, étaient venus les moments de la justice appuyée sur des lois empruntées surtout au droit romain, fusionnées, dans l'application, avec le droit canonique.

A côté des fiers barons, plus forts sur les champs

de bataille que dans les prétoires, siégeaient les juges ecclésiastiques, qui devaient s'abstenir dans les causes entraînant effusion de sang, parce que l'Église a horreur du sang.

Elle avait cependant, même à l'égard des grands, à l'égard des empereurs et des rois, ses sentences redoutables et publiquement prononcées du haut de toutes les chaires.

A Rome, *Pœna potest tolli, culpa perennis erit*, a dit Ovide exilé, en parlant du pardon individuel accordé au condamné.

En France, la grâce est un acte d'indulgence de la part du souverain, qui fait remise de tout ou partie de la peine prononcée la condamnation subsistant, tandis que l'amnistie efface le délit, comme la condamnation même.

Les Parlements, en prononçant l'entérinement, se permettaient parfois des remontrances.

Le droit de grâce ou de rémission n'était pas, comme aujourd'hui, tout entier réservé au souverain ; il le partageait, en certaines circonstances, avec la reine, accordant aussi, mais au nom du roi, des lettres de rémission.

Corneille a dit, dans *Rodogune :*

Comme reine, à mon choix, je fais justice ou grâce.

La torture était partout usitée, avec des procédés variant suivant les différents ressorts.

En Lorraine, la question était donnée avec des brodequins en fer ; à Nimes, par l'extension des membres, à Avignon, la ville des papes, l'accusé était couché sur le tranchant d'un bois taillé (*veglia*).

A Toulouse, le supplice par l'eau était pratiqué ; à Dieppe, on brisait les doigts.

En revenant de Vichy, le premier président de Harlay apprit de ses domestiques les supplices usités à Saint-Pierre-le-Moûtier, et, de retour à Paris, il appela l'attention du Parlement sur ces diversités de torture.

Il fut alors décidé que, dans toutes les juridictions, on ne ferait plus usage que de la question par l'eau, l'extension et les brodequins.

C'était l'égalité dans les supplices.

Des expertises étaient confiées aux médecins, chirurgiens, apothicaires, sages-femmes, qui faisaient leur rapport sur les questions soumises à leur savoir.

Il est intéressant de lire, dans leur forme naïve, les rapports dressés par Ambroise Paré, Fedeli Zacchias, leurs disciples et leurs savants continuateurs, dont la parole autorisée joue un si grand rôle dans les débats judiciaires.

Sous Louis XIV, des morts mystérieuses effrayèrent la cour et la ville ; pour réprimer ces crimes, imputés aux maîtresses du roi, l'on constitua la *chambre ardente*, la *chambre des poisons*.

La Voisin, soumise à la question, fut exécutée le 22 février 1680.

Le grand roi, effrayé de la mort de sa bonne duchesse de Fontanges, écrivit au duc de Noailles d'éviter de faire ouvrir le corps (28 juin 1681) (1).

La loi se montrait impitoyable contre les empoisonneurs, que le roi, lors de son sacre dans la cathédrale de Reims, jurait de ne jamais gracier.

Elle est sans pitié contre les impies, les sorciers, les sacrilèges.

Urbain Grandier, prêtre, curé de l'église Sainte-Croix, à Loudun, est condamné (18 août 1634) pour magie, sortilège, irréligion et sacrilège.

La sentence porte : « Qu'il fera amende honorable nu-tête, en chemise, la corde au col, tenant en ses mains une torche ardente du poids de deux livres, devant les églises Saint-Pierre-du-Marché et Sainte-Ursule.

« Là, à genoux, il demandera pardon à Dieu, au roi et à la justice.

« Puis, sur la place Sainte-Croix, il sera attaché au bûcher, son corps y sera brûlé vif avec les pactes et caractères magiques saisis et déposés au greffe,

---

(1) Au temps de Domat (si bien étudié par la science de M. l'avocat général Loubas), les nations étaient travaillées par trois fléaux qui ruinaient les sociétés : les procès, les crimes, la guerre.

ensemble le livre manuscrit, contre le célibat des prêtres.

« Les cendres du condamné seront jetées au vent et ses biens confisqués. »

Alfred de Vigny, dans son roman de *Cinq-Mars*, a rétracé, avec sa plume véridique, les péripéties douloureuses de ce martyre.

La loi frappait aussi les chefs, traîtres à leur patrie.

« Louis XIII, en son conseil de guerre, donne un arrêt solennel contre le baron du Bec, gouverneur de la Capelle, pour avoir laschement rendu cette place aux ennemis. »

La sentence porte que le condamné sera tiré à quatre chevaux en place de Grève et démembré en quatre pièces.

« Ce fait, les membres seront pendus et attachés sur les chemins de Picardie.

« La tête sera fichée au bout d'une pique, au-dessus de la Porte Saint-Denis, si pris et appréhendé peut estre en sa personne, sinon en effigie.

« Il sera de plus dégradé et ses armes brisées par l'exécuteur. »

Même arrêt fut rendu (25 octobre 1636) contre Saint-Léger, « pour avoir laschement rendu aux ennemis la place du Castelet, dont il était gouverneur, en Picardie. »

« Comme les rois, disent nos anciens jurisconsultes, ont l'autorité et la puissance d'imposer des peines, et ils sont aussi les maîtres les seuls dispensateurs des grâces.....»

Cette précieuse prérogative de nos souverains était réglée par les ordonnances de mars 1536, août 1539, janvier 1571, mai 1579, et l'ordonnance de 1679.

Lors de leur première entrée dans leur ville épiscopale, les évêques d'Orléans pouvaient obtenir du roi, par lettres déprécatoires (1), la grâce des individus accusés de crimes commis dans leurs diocèses, à l'exception toutefois des forfaits non graciables, tels que meurtres avec guet-apens et préméditation, rébellion à main armée, faits de lèse-majesté, empoisonnement.

Les ducs de Sully (2) avaient reçu des rois Henri IV, Louis XIII et Louis XIV, le même privilège dans leur duché d'Henrichemont, en Berry (3).

Le chapitre de la cathédrale de Rouen, d'après son privilège de la Fierte-Saint-Romain, graciait, tout comme le chapitre des chanoinesses de Remiremont, les prisonniers à la fête des Rogations et à la Saint-Barthélemy.

Il était défendu aux justiciers, ayant leur fon-

(1) SERPILLON, p. 573.
(2) *Pénalités anciennes* (supplices et prisons), PLON, éditeur, Paris.
(3) BOULAINVILLIERS, *État de la France.*

dation temporelle, sous peine de perdre leurs fonctions, d'admettre les parties à composition, en cas (1) de crimes, mais devait, par eux, être faite pleine justice.

Cependant, en cas d'infraction à ces sages dispositions, il était parfois pardonné par le roi qui, après avoir destitué (en 1300) le bailli d'Amiens, pour concussion, accorda, au sénéchal Guichard de Marziac, rémission (1312) pour excès commis dans ses fonctions.

Il est impossible de ne pas être attendri en lisant la requête (*dont les conclusions furent adoptées*) adressée par Jehan Le Grant, dit de Corbilles, demeurant à Harmes.

« Il expose que sa femme, épousée par légitime mariage, ayant succombé aux poursuites de maistre Vincent Cardon, prestre chapelain de la ville de Harmes, et lui ayant accordé ce qu'il demandait par ses inductions et blandes paroles ;

« La veille de Noël 1356, en quel temps ledit suppliant, à Beauvais, ledit prestre coucha avec ladite femme, jusqu'à l'heure de minuit, et la connut charnellement.

---

(1) Domat, vigilant magistrat du ministère public, avait signalé le crime dans ses variétés innombrables, que la sibylle antique désespérait d'énumérer, même avec cent bouches, cent langues et une voix d'airain ! (LOUDAS, avocat général à la Cour de cassation. Discours de rentrée, 17 octobre 1887.)

« Ledit suppliant, étant couché avec sa femme,
fut tout ébahi d'entendre quelqu'un dans son lit lui
parler.

« Sans crier, ou soy esmouvoir, se leva tout
simplement, disant à sa femme qu'il avait soif et
qu'il allait boire, alluma une chandelle, laquelle il
apporta toute ardente, de plus une plagne bien
tranchante en sa main.

« Lors, s'en vint à son lit, rebroussa la couverture,
et, quand il vit ledit prestre couché avec sa femme,
touchant l'un à l'autre, nu à nu, il dolent et courriez,
non pas sans cause, commença à férir sur eux,
nàvra, bleça ledit prestre de sa dite plagne, par
telle manière qu'il est méhaignez, affolé d'une
jambe, et, en plusieurs parties de son corps ; on espère de lui plus la mort que la vie. »

Dans un autre cas de flagrant délit (comme nous
dirions aujourd'hui), la grâce royale intervient encore en faveur du suppliant Guillaume Bricart.

« Il expose qu'étant maire de la ville de Chauny
(les chroniques disent : *Chauld-nid, la bien nommée*),
ayant cure du gouvernement de ladite commune,
il alla, de nuyt, visiter les murs de ladite ville, pour
solliciter les bonnes gens qui faisaient le guet de
faire bonne garde et diligence comme à son office
appartenant, parce qu'alors les Anglais étaient à six
ou sept lieues d'icelle, comme on disoit.

« Environ quatre et cinq heures du matin, parce

que il commençait à pleuvoir, s'en fut ledit suppliant retourné en son hostel.

« Là, il trouva sa chambre fermée, laquelle il fit ouvrir par sa femme, qui estoit dedans couchée, en son lit.

« En la ruelle de son lit, aperçut et avisa un jeune homme, nommé Jehan Maurel, tout nu, excepté de sa chemise sans brayes.

« Pour laquelle cause, et ainsi que sa dite femme avait fermé l'huis de sa dite chambre, et qu'elle estoit toute nue, en son lit.

« Lui, doubtant que icellui Maurel fut là venu pour villener sa dite femme, eust été meu et courrié d'une badelaire (épée) qu'il avoit, frappa le dit Jehan Maurel d'un cop seulement au costé.

« Après lequel cop, ledit Maurel s'enfuit tout nu, excepté de sa chemise.

« Assez tôt après, chût, du dict cop, à terre ; après ala de vie à trépassement.

« Pourquoi le roi Charles, à Rouen, accorde rémission au maire si vigilant de Chauny (*novembre 1415*). »

On trouve, dès 1429, un singulier privilège accordé aux jeunes filles qui sauvaient du supplice un condamné à mort en l'épousant (1).

---

(1) *Journal d'un Bourgeois de Paris*, Archives nationales, (*Trésor des Chartes*, Z. Z., 178); Edouard FLEURY (Société académique de Laon); VALLET DE VIRIVILLE ; MICHELET (*Origines du Droit*).

Parfois aussi, en voyant la face patibulaire de celui que l'on menait au pilori, la foule s'écriait, en s'adressant au bourreau : « Pendez-le, il a les lèvres minces ! »

A Barèges en Bigorre, existait semblable usage, qui assurait l'impunité au criminel qui avait trouvé refuge auprès d'une femme.

Au moment où l'on allait exécuter « un très bel et jeune fils, qui avait fait des pilleries, autour de Paris, une jeune fille, née des Halles, le vint hardiment réclamer, et tant fist, par son bon pourchaz, qu'il fut ramené au Châtelet, et depuis, furent espousez ensemble. »

Il en fut de même pour une jeune fille de bonnes vie et renommée, que, par lettre du 22 juin 1426, Charles VII, à Chinon, autorisa à épouser le condamné Person Sureau, pour lequel elle était « meue de pitié et amour naturel. »

La plus terrible était, en sa formule, l'excommunication que fulminait à Rome, le pape, dont toute la puissance était dans le caractère auguste, que le successeur de saint Pierre empruntait aux yeux de tous les fidèles en ceignant la tiare vénérée.

La puissance spirituelle était immense, parce qu'elle s'appuyait sur la foi, sur la prière.

La puissance temporelle, au contraire, marchait avec les étendards sous lesquels se rangeaient docilement les guerriers en armes, assujettis à la discipline

12.

des chefs et largement récompensés après la conquête.

Les soldats secondaient les décisions de justice rendues au nom du souverain, édictant des peines terribles, dont l'exécution publique frappait d'une salutaire terreur les assistants.

D'après Jehan Chartier, exact observateur des faits, l'exécution d'une femme était rare au xvᵉ siècle. « En 1449, grande quantité de peuple se rendit à ce spectacle, et spécialement de femmes et filles, pour la grande nouveauté que c'estoit de voir pendre, en France, une femme, car oncques cela ne se fust vu dedans ce royaume. »

Une femme enceinte ne pouvait être frappée d'une peine corporelle, ni soumise à la question que quarante jours après l'accouchement.

Même après le xivᵉ siècle, nous trouvons, dans les *anciens usages qui s'observent à la Tournelle*, la mutilation de la luette et de la langue, inscrite contre les blasphémateurs, la peine de mort avec écartèlement contre les coupables de lèse-majesté ;

La peine du fouet contre les auteurs de libelles diffamatoires ;

Le bannissement contre les Bohémiens et les Égyptiens.

La bestialité, la sodomie (1), l'inceste, étaient punis de mort.

---

(1) Ambroise Tardieu, *les Attentats à la pudeur*, Baillière éditeur, Paris.

Les voleurs de grand chemin devaient être rompus sur la roue.

Quelquefois, pour adoucir les rigueurs de leur sentence, les parlements y ajoutaient les mots : « Après que le condamné aura senti tous les coups, vif, il sera secrètement étranglé, à l'entrée de la nuit. »

Les crimes obscurs de ces coupables n'étaient rien, sans doute, à côté de ceux imputés à Jacques Cœur, condamné (1423) pour lèse-majesté, et à Saint-Vallier.

Un arrêt du 17 février 1523 avait été, contre lui, prononcé portant dégradation et exécution à mort.

Le 20 février, il fut sursis, par lettre du roi, à l'exécution, et la peine de mort fut commuée en prison.

Pendant ce temps, le condamné, détenu en la deuxième chambre de la tour carrée des galeries du palais, y attendait son sort.

Il obtint enfin la rémission complète et la réhabilitation, par lettres données à Péronne (août 1527).

Victor Hugo a, dans *le Roi s'amuse*, expliqué, en poète inspiré, cette grâce obtenue de François Ier par la chaste Diane.

L'œuvre des parlements encombrés était complétée par les grands jours : la justice ne chômait pas.

Aux grands jours de Clermont, tenus le 2 octobre 1663, sur la demande de M. l'intendant d'Auvergne, de Pomereu, sur *douze mille affaires* portées au rôle criminel 350 *coupables furent exécutés*, 26 *bannis et* 28 *envoyés aux galères!*

Le 25 septembre 1665, le président de Novion, en mission dans l'Auvergne, avise « qu'il a fait arrêter et condamner à mort son allié, le vicomte de Canilhac, dont les biens considérables sont confisqués au profit du roi. »

Dans sa dépêche à Colbert, M. le président ajoute : « Nous avons quantité de prisonniers, tous les prévôts en campagne jettent dans les esprits la dernière épouvante.

« Les Auvergnats n'ont jamais tant et si bien cognu qu'ils ont un Roy ; jamais il n'y eut tant de consternation de la part des grands et tant de joie entre les faibles. »

Les grands jours étaient tenus par des conseillers du parlement ; ils furent introduits pour nettoyer les provinces, châtier les méchants et vicieux, afin aussi de « vuider les appellations, » qui, par la trop grande affluence des causes venant au parlement de Paris, par la trop grande pauvreté des parties, y demeuraient longtemps indécises.

Les temps ne sont pas changés ; l'encombrement n'a fait que s'accroître ; les audiences ouvertes toutes ensemble, à midi, sont levées une demi-heure après, les avocats n'ayant pas encore le don d'ubiquité.

Les registres des parlements et la correspondance

de ces grands procureurs généraux (1) qui savaient
si bien tenir la plume et manier la parole, montrent
quelle a été l'importance de leur utile action.

De ce qui précède, il résulte qu'un pouvoir fort
peut seul faire grâce ; l'autorité montre sa faiblesse,
en usant de ce droit sans discerner et choisir parmi
les coupables (2).

En France, le droit de grâce, exercé trop largement d'abord (ordonnance de mars 1358, art. 6 ;
août 1539, art. 112 ; janvier 1571, art. 1er ; mai 1579,
art. 194), fut réglementé ensuite par l'ordonnance
criminelle de 1670, qui distingue plusieurs lettres
de grâce : lettres d'abolition ou d'amnistie ; lettres
d'abolition particulière, effaçant la poursuite et le
délit ; lettres de rémission ; lettres de pardon, pour
crimes non excusables ; rappels de ban ou de galères, qui, en remettant la peine infamante, auto-
risaient le condamné à rentrer dans la société ; lettres
de commutation, qui réduisaient ou adoucissaient la
peine encourue (BORNIER, *Conférence sur l'ord.
de* 1670, tit. 16, art. 5 ; JOUSSE, *Just. crim.*, III,
tit. 20).

Cette prérogative de la couronne a été discutée
par les publicistes Puffendorff, Blackstone, Bar-
beyrac, qui n'ont pas reconnu son efficacité en présence du danger d'énerver les lois pénales.

---

(1) Bibl. nat. de Paris (*Manuscrits*, collection JOLY DE FLEURY).
(2) FLOQUET, *Histoire du Parlement de Normandie* (ord. de
Moulins et deBlois ; déclaration royale (27 février 1703).

Elle a été supprimée entièrement par le Code pénal du 25 septembre 1791 (1re partie, tit. 1er et 7, art. 15) qui trouvait de suffisantes garanties, pour les accusés, dans l'institution du jury.

Le sénatus-consulte du 16 thermidor an X, l'a conféré au premier consul, autorisé à l'exercer après avoir entendu, dans un conseil privé, le grand juge, deux ministres, deux sénateurs, deux conseillers d'État, deux juges du tribunal de cassation.

Ailleurs, l'arrêt portait : « Ledit condamné sera secrètement étranglé à un poteau, planté sur le bûcher, avant que l'exécuteur y mette le feu. »

La peine ne frappait pas seulement les coupables, elle s'étendait parfois jusque sur leurs familles bannies, et sur leurs maisons démolies, brûlées.

L'annonce de ce.te peine exemplaire était même préalablement faite dans la ville, à son de trompe.

On enlevait aussi de leurs gonds les portes et fenêtres des bâtiments pour tailles non payées, et comme marque de saisie au profit du fisc.

La justice était, suivant les localités, la qualité des personnes, rendue par les bailliages, les sénéchaussées, les officialités et, sur appel, par les parlements.

La procédure se faisait d'après des formes empruntées au droit romain, suivi par les tribunaux ecclésiastiques, depuis le séjour du pape Clément V à Avignon.

Là, les Français, assignés à tout propos, apprirent les délais, fentes, incidents, formalités, subtilités et chicanes, et se firent par le laps de temps aussi savants que les maîtres du métier.

On entendait des témoins, on les confrontait avec le cadavre, avec l'accusé, dont les réponses étaient recueillies par les greffiers, sous la dictée du juge.

Le droit de grâce, reconnu appartenir à l'empereur par l'acte additionnel aux constitutions de l'empire (22 avril 1815, art. 57), puis au roi, par la charte de 1814 (art. 67) et par la charte de 1830 (art. 58), réside exclusivement dans la personne du chef de l'État, sans que les juges ou tribunaux en puissent retarder l'exercice.

Les lettres de grâce, en matière criminelle, doivent être entérinées devant la première chambre de la cour d'appel, en présence des condamnés avant de recevoir leur exécution (décret du 6 juillet 1810 ; LE-GRAVEREND, *législation criminelle*, chap. XVIII). En cas de décès du condamné, après la grâce, il y a lieu de dresser un procès-verbal, pour équivaloir à l'entérinement dans l'intérêt de la famille (MERLIN, LEGRAVEREND).

La grâce ne pouvant avoir d'effet rétroactif, ne préjudicie pas aux droits des tiers (Avis du Conseil d'État, approuvé le 25 janvier 1807 et du 8 janvier 1823 ; décret du 7 mars 1808 ; Cassation 30 novembre 1810).

En acceptant la grâce, le condamné se reconnaît

coupable (DE PEYRONNET, *Pensées d'un prison-nier*) (1).

Le droit de grâce, dans la pratique, n'a plus le caractère absolu, élevé, discrétionnaire, suprème, mystérieux, en quelque sorte, que supposerait l'intervention directe du souverain, du chef de l'État, quel que soit son titre.

L'octroi ou le refus des grâces s'instruit et se résout comme toute affaire administrative, par les bureaux de la direction des affaires criminelles, dépendant du ministère de la justice.

La commission donne (2) son avis, soumis au garde des sceaux, qui le propose au président de la République, avec un rapport spécial, dans les affaires capitales ou dans les procès qui doivent, à raison de la gravité de la sentence intervenue ou de la situation sociale des condamnés, mériter un examen particulier.

-La multiplicité des recours en grâce, appuyés par les jurés, par les sénateurs, par les députés, par les conseillers municipaux, absorberait les journées entières du chef de l'État, s'il devait se former une

---

(1) *Procès des ministres de Charles X*, étude très remarquable prononcée par M. DE LANZAC DE LABORIE à la rentrée de la Conférence des avocats de Paris (21 novembre 1887).

(2) La commission, composée du directeur des affaires criminelles, des affaires civiles, de la comptabilité même, du secrétaire général, se réunit, chaque samedi, au ministère de la justice.

opinion personnelle, sur chacune des procédures.

Par suite, le droit de grâce, autrefois exercé par le souverain, assisté par ses ministres, s'il y avait lieu, n'est plus que l'examen bureaucratique du dossier, ce qui altère et dénature son caractère élevé.

Il en est ainsi surtout pour les grâces collectives qui interviennent, non pas au lendemain même de la condamnation, mais au cours de l'exécution de la peine pour en abréger la durée.

L'ordonnance royale du 6 février 1818 règle le mode, suivant lequel les états de proposition doivent être établis par les préfets, d'après la liste des condamnés qui se sont fait remarquer par leur bonne conduite.

On ne porte sur ce tableau que les condamnés ayant fait la moitié de leur peine ou en ayant subi dix ans, pour les condamnations perpétuelles.

Toutefois, une (1) circulaire du 1er décembre 1873, concertée entre les ministres de l'intérieur et de la justice, invite les préfets à présenter les condamnés non récidivistes, pour une libération méritée par leur repentir (?)

---

(1) Cette circulaire a pour objet de diminuer l'encombrement des prisons départementales, d'économiser sur leur budget, bien plus que de s'occuper, par une libération anticipée et sérieusement préparée, l'amélioration du condamné, comme l'ont proposé, en France, Charles Lucas, Bonneville de Marsangy, et, en Angleterre, Walter-Croflon.

Un condamné à mort en rupture de ban. — Lefebvre, *âgé de* 49 *ans*, a déjà encouru 52 années d'emprisonnement.

Il a été gracié d'une *condamnation capitale* et a reconnu ce bienfait par de nouveaux délits, *les morts vont vite!*

De Bastia à Lyon, de Lyon à Rouen, de Nice à Bayeux, de Bayonne à Valence, d'Angers à Marseille, de Marseille à Nîmes, où, le 18 septembre 1881, il obtient *une réduction à un an de prison*, alors que les premiers juges, mieux inspirés, avaient prononcé *quinze mois pour rupture de ban.*

Pendant ce temps, on annonce que l'on a préparé une nouvelle loi sur les *récidivistes.*

Est-elle bien utile, en présence de tant de décisions, encourageantes pour les malfaiteurs, que nous venons de rapporter?

Outre les grâces collectives, accordées dans chaque colonie pénale ou prison (1189), il a été accordé à des condamnés par des grâces particulières 3,069 commutations ou réductions, sans compter 12 condamnés qui ont bénéficié de l'article 4 de la loi du 5 juin 1875, qui réduit de plein droit, d'un quart, la durée des peines subies sous le régime de l'emprisonnement individuel (1).

Par décret du 9 juillet 1879, il a été accordé des re-

(1) Compte de justice de 1876, présenté en 1878.

mises, commutations, réductions de peines à 1,369 détenus, signalés par leur conduite et leur repentir.

Par décrets successifs, rendus dans le cours de
l'année, 4,921 condamnés ont obtenu des faveurs
analogues.

En 1863 (1), l'empereur Napoléon III accordait
des grâces :

A 551 condamnés (43 0/0), remise entière de leur
peine.

A 725 condamnés, réduction ou commutation.

Plus des trois quarts des condamnés présentés à
la clémence souveraine ont été graciés (1276 sur
1678).

En 1862, 30 condamnations à mort ont été
prononcées par les cours d'assises.

En 1863, 20 condamnations capitales :

18 hommes : dont 15 pour assassinat, 1 pour parricide, 2 pour meurtre précédé de vol.

2 femmes : 1 pour parricide, 1 pour infanticide.

Pour 8 condamnés, il y a eu commutation de
peine.

11 exécutions ont eu lieu, 1 évasion s'est pro-
duite.

En 1864, on compte 9 condamnations capitales et
5 exécutions.

(1) Comptes de justice criminelle.

Le jury admet les circonstances atténuantes dans la proportion de 75 0/0 et la magistrature elle-même les reconnaît dans la proportion de 50 0/0.

Au mois de juin 1877, un décret collectif a accordé 884 grâces ou commutations à des condamnés, signalés par leur bonne conduite continue, dans les colonies pénales de la Guyane et de la Nouvelle-Calédonie (90), 755 dans les maisons centrales, 39 dans les maisons d'arrêt départementales.

Des décrets individuels ont octroyé, en 1877, des grâces particulières à 4,460 individus condamnés : 29 à la peine de mort, 94 aux travaux forcés, 116 à la réclusion, 2,258 à l'emprisonnement, 1,832 à l'amende, et 131 à des peines accessoires (surveillance ou interdiction des droits mentionnés en l'article 42 du Code pénal).

La loi du 17 juin 1871 a été continuée par une commission, instituée en mai 1876, pour les recours en grâce, à la suite des faits de la Commune.

Elle a proposé à l'agrément du Président de la République 927 décisions gracieuses :

364 ayant pour objet de remettre la peine restant à subir ;

482 ayant pour but de commuer la peine ;

81 ayant pour objet de réduire la durée de la peine.

Le nombre des condamnations à mort (1) avait

---

(1) Comptes de justice de 1876, présenté en 1878.

été de 31 en 1872, 34 en 1873, 31 en 1874, 33 en 1875, 22 en 1876.

Plus de la moitié des condamnés de 1876 (12), étaient des repris de justice.

La peine capitale a été commuée, pour 13, en celle des travaux forcés à perpétuité; 1 en celle de 20 ans de travaux forcés; 1 en 10 ans de travaux forcés; 8 ont été exécutés.

L'assassinat de la rue Fontaine-au-Roi. — Les rumeurs les plus diverses touchant cet attentat n'ont cessé de circuler dans le quartier Saint-Maur. A peine est-il besoin de les mentionner, puisqu'elles ont trait uniquement à l'arrestation supposée de l'assassin.

On verra plus loin que la fuite de Foulloy a été rendue facile, par le laps de temps qui s'est écoulé entre la découverte du crime et les premières mesures, prises pour la capture du meurtrier.

Quoi qu'il en soit, l'autopsie du cadravre du pauvre père Joubert a été faite à la Morgue par M. Brouardel, en présence du juge d'instruction, du chef du service de la sûreté et du chef du service de la photographie à la préfecture.

Cet examen n'a fait connaître aucun fait nouveau. Il reste établi, comme nous l'avons dit, que le crime a été commis, dimanche soir entre neuf heures et neuf heures un quart, et que la mort a dû être très prompte.

L'état de la tête de la victime était affreux. Le haut de la figure ne formait qu'une plaie, l'os temporal gauche était brisé, et il en était de même de la partie postérieure du crâne.

Les restes de l'infortuné marchand de vins étaient encore le soir à la Morgue. Le jour des obsèques n'est pas encore fixé.

Pour être complet, nous devons mentionner que, dans le secrétaire de M. Joubert, il a été trouvé un brouillon de testament. Ce document était écrit au crayon, de la main de M. Joubert, sur une feuille de fort papier de grand format, et dès les premières lignes il était question d'une demoiselle X..., demeurant au faubourg du Temple.

Ce fait bizarre paraîtra peut-être moins étrange lorsque l'on saura que, quelques jours avant le crime, M. Joubert avait entamé des négociations pour la vente de son fonds de commerce, et qu'il avait parlé à plusieurs personnes de l'intention où il était d' « arranger ses affaires ».

Il y a là seulement une simple coïncidence.

Une réflexion maintenant :

On a envoyé de tous côtés le signalement de l'assassin et on s'en repose maintenant sur les polices locales ou des frontières pour arrêter Camille Foulloy. C'est très bien. Mais ne s'y est-on pas pris un peu tard ?

Le crime a été soupçonné dès dix heures, découvert à minuit. A une heure on était certain de connaître l'assassin et on avait son signalement.

N'aurait-on pas dû le répandre tout de suite ?

Parti de la rue Fontaine-au-Roi, vers les dix heures, comme Walder, Foulloy a été rencontré, une valise à la main. Il se dirigeait vers une gare... pour aller en Allemagne, à ce qu'on suppose... ou pour aller dans une toute autre direction, persuadé qu'on le chercherait sur la route de Prusse.

Or, quels trains pouvait-il prendre ?

Sur l'Ouest : à minuit ou minuit et demi, ceux du Havre, Dieppe, Cherbourg, Fécamp, Rouen, Honfleur, Trouville.

Sur Orléans : ceux de Vendôme, Orléans, Bordeaux, Nantes, Saint-Nazaire.

Sur l'Est : Cologne, Belfort et l'Alsace.

Sur le Nord : Bruxelles, Liège, Cologne, Dunkerque, Calais.

Des dépêches sur chacune de ces lignes, lancées, non pas le lendemain, mais la nuit même, eussent pu le faire arrêter, au sortir du train.

Mais on est l'esclave des formalités et de la routine et ce n'est qu'après mûres réflexions qu'on a pris des mesures, dont l'urgence paraît pourtant si évidente.

Si l'assassin a voulu passer la frontière, il a eu le temps de le faire.

Nous ne sommes plus au temps des bonnes diligences, où, en allant faire un tour, dans le bureau central, on avait le signalement de tous les woya- geurs partis, ce qui permettait de les rejoiindre trente heures après. De nos jours, la vapeur va si vite...

Autre chose. Il y a des départs dès quatre heeures du matin; on eût dû, dès le jour, avoir deuix ou· trois agents de la sûreté munis du signalement dans chacune des gares...

Y en avait-il? Non. Nous croyons même qu'à quatre heures du matin, M. Macé, chef de la sûreté, n'était pas informé du crime...

Le 8 mars 1881, une commutation de peine a été accordée à Foulloy, condamné à mort, le 30 oc- tobre 1880, par la cour d'assises de la Seine, pour assassinat et vol qualifié, sur la personne de Jou- bert, son patron. La ballade allemande dit : « Les morts vont vite » ; la légende française porte : « Les victimes passent bien vite! » La décision ci-dessus a produit son effet immédiat, et les jeunes malfai- teurs, encouragés par l'exemple d'Abadie et de Gille, assassins de Leclerc, ont, suivant le plan de ces derniers, commis une tentative de meurtre, rue des Maronites, sur le charretier Arnault, frappé d'un coup de couteau dans la région du cœur, et dé- valisé, le 9 mars 1881.

Le 2 avril 1878, le Parlement votait une loi d'amnistie pour les délits de presse et les contraventions à la loi du 6 juin 1868 sur les réunions publiques.

Du 16 mai au 14 décembre 1877, l'amnistie s'est appliquée à 2,691 condamnations et a suspendu 136 poursuites commencées.

La remise des amendes a produit, pour le Trésor, une diminution de 384,212 francs sur 1877.

La France a toujours été assez riche pour combler les ruines, qui lui étaient infligées par les hommes ou les événements.

En 1877, 85 condamnations pour assassinat, parricide, meurtre, ont été l'objet de commutations de peines collectives, 66 hommes et 19 femmes.

Pour empoisonnement : 1 homme et 6 femmes.

289 pour vols qualifiés : 255 hommes et 34 femmes.

Des grâces particulières ont été accordées à 66 condamnés pour assassinat, empoisonnement parricide, meurtre ; 29 avaient été condamnés à mort.

Le nommé Diactorius, né à Pescadoires (Puy-de-Dôme), malfaiteur dangereux, déjà frappé de quinze condamnations, fut condamné, le 19 avril 1877, par la cour d'assises du Loiret, en vingt années de travaux forcés et à la relégation (art. 147, 164, 56 du Code pénal, loi du 27 mai 1885).

Le dossier a établi que la peine de *sept années de réclusion*, prononcée par la cour d'assises, en no-

vembre 1874, *avait été réduite de six mois, pa
décision gracieuse*. A peine mis en liberté, lee libér
était, à Clermont-Ferrand, condamné, le :31 dé
cembre 1881, pour outrage public à la poudeur
D'autres peines étaient ensuite prononcéess pou
rupture de ban et vagabondage contre cet iinculp
qui, en dernier lieu, avait pris faussement le non
honorable d'un de ses parents.

10 mai 18887.

A l'ouverture de l'audience de la première clhambr
de la cour de Paris, il a été donné lecture, en pré
sence du condamné Tournecuillère, du décret d.
M. le Président de la République, commuant en l
peine des travaux forcés à perpétuité (dont les ving
premières années seront subies dans une maison
centrale), la peine prononcée par la cour d'assises
de l'Aube.

Tournecuillère avait été condamné pour tentative
d'assassinat, sur un gardien de la prison de Clair-
vaux, où il subissait sa peine.

Au mois de mars 1887, M. le Président Jules
Grévy commuait la peine de mort, prononcée contre
Austruy, par la cour d'assises de l'Aube.

Ce récidivisie incorrigible avait tué, à coups de
tranchet, un gardien, père d'une nombreuse famille.

Encouragé par cette clémence inépuisable, le dé-

tenu Tournecuillère essayait de tuer un gardien. La
peine vient d'être aussi commuée en celle des travaux forcés.

Il n'y a plus, aujourd'hui, qu'une seule catégorie
de condamnés à mort : les victimes.

Le 2 mai 1887, à l'ouverture de l'audience de la
première chambre de la cour de Paris, il a été donné
lecture, en présence des deux condamnés, des décrets du Président de la République, Jules Grévy,
commuant en travaux forcés à perpétuité la peine de
mort prononcée contre Domangeot, le 9 mars dernier, et contre Rossel, dit Rose, le 14 mars, par la
cour d'assises de la Seine.

Claude Domangeot est un *repris de justice* qui,
le jour même de sa sortie de la maison centrale, où
il venait de subir sa *neuvième condamnation*, a
tenté d'assassiner, pour la voler, la débitante de
tabac de la rue Boissy-d'Anglas.

Louis Rossel est le garçon restaurateur, *également repris de justice*, qui a étranglé (en l'absence
du mari, faisant ses 28 jours) la patronne du café
de la rue Gay-Lussac, l'a dépouillée de ses bijoux,
de son argent.

Après avoir échappé aux recherches de la police,
il a été arrêté enfin dans une maison de tolérance, à
Constantine (Afrique), offrant aux filles des objets
provenant du crime commis par lui et avoué (1).

_____

(1) Le crime, par ses circonstances, par l'arrestation du meur-

Le 24 mai 1887, la cour d'Orléans, en robe rouge, assemblée en audience solennelle, entérinait les lettres de grâce de Guénaud. Ce condamné à mort, par la cour d'assises d'Indre-et-Loire, pour meurtre et tentative d'assassinat, avait vu, par décret du 17 mai 1887, sa peine commuée par le Président de la République en celle des travaux forcés à perpétuité.

« Le procureur général ayant requis la lecture des lettres de grâce, M. le premier président Bouillé invite Guénaud à se montrer digne de la clémence du chef de l'État par sa bonne conduite et ses constants efforts, pour effacer un passé si coupable ! »

Dans le trajet de la prison où on le réintégrait, le condamné chercha à se suicider, ne voulant pas accepter la mesure de clémence dont il était l'objet.

Alexandre Séjourné, garçon meunier, condamné à mort le 30 juin, par la cour d'assises de la Seine, vient d'être gracié par le Président de la République (12 août 1887).

On sait que Séjourné avait assommé en voiture, à coups de pavé, « au château des Alouettes », près

---

trier, présente une grande analogie avec les assassinats commis, à Paris, avenue Montaigne, par Pranzini, qui s'est trahi, à Marseille, en donnant aux filles de débauche, rue Ventomagny, les bijoux soustraits à Marie Regnault et retrouvés, ainsi que les autres jetés dans les water-closets, au Prado.

Les criminels se copient, se répètent : il n'y a de changé que les noms de leurs victimes.

Garges, un de ses collègues du moulin Bertaux, Delporte, porteur de la recette de la journée.

Le jury avait signé un recours en grâce !

En apprenant de M. Beauquesne, directeur de la Roquette, sa commutation de peine, Séjourné, qui de minute en minute, s'attendait à l'exécution, est tombé sur le parquet comme une masse. On a dû lui prodiguer des soins, pour le ranimer.

Cet ouvrier, qui avait lâchement assassiné, pour le voler, la nuit, son ancien camarade, avait tout nié malgré l'évidence des charges bien inutilement recueillies par la magistrature, désarmée au dénouement.

Cessez de gracier ou je cesse de vivre, a murmuré l'assassin en défaillance, croyant sa dernière heure arrivée.

Proudhon, qui était Franc-Comtois, disait que le plus sûr moyen de désorganiser une société était de la laisser se débattre, sans lois.

Le tort de tous les révolutionnaires arrivés était de reconstituer l'ordre.

Partout la clémence aveugle, graciant ici les assassins d'un brave notaire, que l'on va chercher la nuit, dans son étude, pour recevoir un testament; ailleurs, ce sont les meurtriers de magistrats ou d'agents de la force publique, images vivantes de la loi.

On semble dire que le péril est du côté du devoir.

CHAPITRE X

Conclusion.

Il faut toujours demander la vérité à ses ennemis. Or, dans son livre magistral sur la *Nation armée*, au chapitre du commandement, l'auteur (1) rappelle que, sous le premier Empire, les mêmes soldats étaient vainqueurs ou défaits, suivant qu'ils étaient commandés par Napoléon Ier ou par ses lieutenants.

Les chefs ne doivent jamais se faire suppléer, mais marcher toujours en tête, toujours en avant.

A notre époque affaiblie, découragée, parce qu'elle manque d'hommes résolus, nul ne veut ou plutôt n'ose accepter la responsabilité des postes brigués et acceptés pourtant. Personne n'est plus au lieu du devoir, au lieu du péril.

Parmi les légendes du moyen âge, je citerai l'histoire d'un étudiant de Paris, que raconte, au xive siècle, d'après Césaire, le saint ermite Rolle de Hampole.

Elle est très brève et peu connue ; la voici :

(1) Major von der Goltz.

« Un écolier de Paris avait commis beaucoup de péchés et il avait honte de s'en confesser. A la fin, le grand remords qu'il avait dans l'âme triompha de sa honte. Mais, comme il commençait sa confession au prieur de Saint-Victor, si vive fut la contrition de son cœur, si nombreux furent les soupirs, dans sa poitrine et les sanglots, dans sa gorge, qu'il lui fut impossible de prononcer un mot.

« Alors le prieur lui dit : « Va, et écris tes péchés. »

« Il fit ainsi et revint au prieur et lui donna ce qu'il avait écrit, car il continuait à ne pouvoir se confesser, par paroles.

« Le prieur vit des péchés si grands, qu'avec l'assentiment de l'écolier il alla, chez l'abbé, prendre son conseil.

« L'abbé reçut le papier et y jeta les yeux. Il n'y trouva aucune écriture et dit au prieur : « Que peut-on lire là où rien n'est écrit ? » Le prieur le vit et s'émerveilla grandement et dit : « Sachez que ses péchés étaient écrits là, et je les ai lus ; mais je vois maintenant que Dieu a connu son repentir et les lui pardonne tous. »

« L'abbé et le prieur avertirent l'écolier, et lui, dans une grande joie, remercia Dieu. »

Pour moi, j'ai, d'après les histoires judiciaires récentes, d'après mes fidèles souvenirs, retracé ici, pour le public, les crimes des malfaiteurs ; comme

ils ne se sont pas repentis, mais qu'ils ont, au contraire, persévéré, l'écriture est demeurée intacte, sur
le papier imprimé, maintenant.

Les caractères peuvent en ressortir noirs ou
rouges.

Maintenant, j'abandonne mon livre (1) au public,
persuadé que, de tout temps, il y a des personnes
qui voient avec indulgence, comme le disait René
Gaillard, avocat aux conseils du roi (1718).

(1) Liber, ibis in urbem.

CHAPITRE XI

Pièces justificatives.

I

Le jeu de massacre ou le massacre des innocents.
— Dans toutes les fêtes, officielles ou privées, on offre au public, toujours avide, de nombreuses exhibitions.

Honneur d'abord à Nouma-Hawa, la seule dompteuse qui ait imposé son nom à la foule, à côté des hommes qui lui disputaient la supériorité. C'est que nulle autre, avant elle, n'avait uni tant de courage à tant de charme, tant de jeunesse à tant de fascination.

Ce n'est pas assez des bêtes féroces et de leurs dompteurs habituels, Pezon et Bidel, on organise le jeu du massacre, qui tente les convoitises et excite les adresses du bras et de la main.

Il y a des règles imprimées, pour ce jeu très en vogue, dont les victimes sont des marionnettes,

vêtues en prêtres, religieux, généraux, rois, bourgeois, villageois. Chaque tête abattue gagne un mir-
liton ou une fleur artificielle, ou une rose naturelle,
suivant la saison.

Le temps a apporté déja son perfectionnement : au
lieu de rester dans leur posture, immuables, in-
croyables, les victimes tournent maintenant avec régularité.

On trouve plus piquant, plus adroit de les quiller
au vol, pour ainsi dire ; on se fait la main.

Le jeu du massacre a inspiré un poète :

> Dans une baraque de foire
> De brillants pantins alignés,
> A la culbute obligatoire
> Se tiennent prêts et résignés.
> S'armant d'un boulet dérisoire,
> Des gamins pâles, dépeignés,
> Se rengorgent de leurs victoires
> Sur ces martyrs tout désignés.
> Toujours ce spectacle insipide
> Allume le rire stupide
> Des imbéciles spectateurs.
> Dans cette farce pour les cuistres,
> Les gamins sont les électeurs,
> Et les pantins sont les ministres.

CHARLES LEXPERT.

(La Silhouette.)

II

Par ordonnance de mai 1396, le roi Charles VI, —
guéri de sa folie ce jour-là, dit le savant doyen
Victor Leclerc, — prescrivit aux juges de Montpellier de donner, une fois l'an, à la faculté de
médecine de cette ville, le cadavre d'un individu,
pendu, noyé, ou mort autrement, parce que l'ana-
tomie était nécessaire pour le salut de l'humanité.

Le Code de 1810 porte que les corps des suppliciés
seront remis à leur famille, si elles les réclament, à
la charge de les faire inhumer sans aucun appareil
ni cérémonie (1). C'est un droit qui n'est guère
exercé, on préfère l'oubli.

(1) Voir à l'Ecole de médecine et au musée Broca les crânes et
les squelettes des assassins célèbres.

III

Les lettres patentes d'Henri IV (14 novembre 1601), veulent que les emplois de chirurgien au Châtelet soient remplis par des praticiens de Saint-Côme, savants en bonnes lettres, ayant théorie et expérience requises. Il faut que nos juges puissent, sur leur rapport, fonder l'équité de leur jugement, quand il est question de la vente des corps morts qui ont été étouffés, empoisonnés, ensorcelés, ou autrement tués de violence. Il y a eu, de tout temps, en notre bonne ville de Paris, chirurgiens capables et suffisants pour tous rapports en justice.

Suivant arrêt de mars 1728, le Parlement de Paris maintint expressément les maîtres chirurgiens du Châtelet de Paris, en leur droit (1) de faire, exclusivement à tous autres, toutes visites, rapports de blessés, mutilés, noyés, précipités, en vertu des ordonnances du lieutenant criminel et autres officiers du Châtelet de Paris, ainsi que de tous les

_____

(1) *Le Châtelet de Paris.* DIDIER, éditeur. — Voyage en France de l'Anglais Evelyn (1648-1661).

corps des personnes, décédées de mort violente (1).

La potence du Châtelet envoyait ses sujets à l'archidiacre des écoles de la faculté de médecine (2), ainsi qu'il est constaté, en marge des registres, après le dépôt des cadavres.

(1) Archives nationales de Paris (Registres du Châtelet, 1673-1791).

Desessart (Dictionnaire de police).

Tanon, Registre de la justice de Saint-Martin-des-Champs.

(2) *Le Châtelet de Paris.* (DIDIER, éditeur.)

Il y a aujourd'hui en France : 6 écoles de médecine, 15 facultés des sciences, 15 facultés des lettres, 13 écoles de droit, 3 écoles de pharmacie.

On compte : 1,600 professeurs donnant l'enseignement à 18,000 élèves.

Les facultés des lettres comptent 2,123 élèves ; les facultés des sciences 1,217.

Le budget de l'enseignement supérieur est de 11,382,000 francs.

Les 95 lycées et collèges comptent 90,100 élèves, auxquels s'ajoutent 9,600 jeunes filles.

Il y a 3,143 professeurs et 1,451 agrégés.

IV

Les prévôts (1) des chirurgiens de Saint-Côme (2)
exposaient qu'ils ne pouvaient se passer de sujets,
pour exercer les aspirants de leur profession et demandaient aux hôpitaux de leur en donner, sous
les conditions imposées et notamment de dire des
prières publiques, pour le corps de chaque cadavre.

(1) Délibération du 12 mars 1731, collection Lamoignon.

Arrêtés du préfet de la Seine (2 décembre 1834 et 22 décembre 1841).

Histoire de la médecine légale, CHARPENTIER, éditeur.

(2) Les chirurgiens de Saint-Côme étaient les chirurgiens de
robe longue. Étaient chirurgiens de robe longue ceux qui avaient
suivi les cours des écoles, chirurgiens de robe courte ceux qui
ne les avaient pas suivis.

V

Le 1er février 1630, arrêt sur la plainte portée au Parlement de Paris, par le procureur général, à raison des voies de fait, violences (1), qui se commettaient par les escholiers étudiants en médecine, compagnons chirurgiens qui, pour avoir le corps de ceux qui sont exécutés, attirent des vagabonds payés, laquais, et les emportent de force, violant l'autorité des rues et le respect dû à la justice (2).

On jetait les débris des dissections à l'égout.

(1) Mercier, *Tableau de Paris*; Edmond Texier, *Assises de la Seine*. (Affaire Barré et Lebiez.)

(2) Les Marseillais, toujours intelligents, comme les Phocéens leurs ancêtres, ne paraissent pas tirer tout le parti possible de leur situation, au point de vue de l'enseignement médical et des services hosp.taliers.

A Paris, l'étudiant fait son stage en se préparant, par ses études universitaires, régulièrement suivies, aux concours de l'externat (après douze inscriptions) et de l'internat (après seize inscriptions.

A Marseille, où la population des hôpitaux est élevée, aucune condition de scolarité n'est, à tort, imposée aux élèves, à qui l'on demande seulement, pour l'internat, quelques questions élémentaires d'ostéologie et de pathologie.

Une fois externe, l'etudiant ne suit plus les cours, les visites des médecins se faisant en même temps que les cours du professeur.

Les hôpitaux de Marseille ont donc des élèves insuffisamment instruits et les cours qu'il serait facile de leur professer dans l'après-midi sont déserts. (Rapport de M. le docteur Chapplain, directeur de l'école de médecine de Marseille.)

VI

Experts en justice. — **M.** Thonissen, le savant jurisconsulte, professeur à la faculté catholique de Louvain, ministre de l'intérieur et aujourd'hui ministre de l'instruction publique à Bruxelles, m'a écrit la lettre suivante, à propos des experts, en Belgique :

Louvain, 23 février 1878.

« Les médecins, chirurgiens et experts, valablement requis, qui refusent leur concours, sont punis d'une amende de 50 à 500 francs. En cas de récidive, le maximum de la peine est toujours appliqué (*tarif criminel du 18 juin* 1853). Il n'existe pas en Belgique de *collèges d'experts ;* mais, dans chaque arrondissement, les juges d'instruction, procureurs du roi, ont l'habitude de requérir toujours les mêmes médecins, chirurgiens, chimistes, qui prennent alors le titre de *médecins légistes,* bien que n'ayant aucun caractère officiel. »

VII

Dans notre livre sur *l'Histoire de la médecine légale en France* (publié chez Charpentier, éditeur, à Paris, 13, rue de Grenelle-Saint-Germain, 1880) (1), nous écrivions les lignes suivantes : « Ne serait-il pas désirable d'inviter les étudiants en droit à suivre les cours de la faculté de médecine, si bien professés par M. le professeur Paul Brouardel, au lieu de s'inscrire à la Sorbonne ou au collège de France, pour un cours qu'ils ne fréquentent jamais, mais pour lequel ils payent une cotisation dérisoire ? »

Peut-être serait-il facile de faire désigner, chaque année, par le ministre de l'instruction publique, sur la présentation du doyen de chaque faculté de droit et de médecine, un agrégé de médecine ou de chirurgie, qui indiquerait aux élèves, par de sommaires leçons, les éléments de la médecine légale. Ainsi l'avait pensé l'éminent doyen Ambroise Tardieu, alors qu'il occupait sa chaire, avec tant

---

(1) *Histoire de la médecine légale*, CHARPENTIER, éditeur.

d'autorité et d'éclat (1). Il songeait à faire profiter ses
élèves, ses confrères même, des précieux sujets
d'enseignement que présentaient les épaves, si
variées, recueillies à la Morgue, sans jamais porter,
bien entendu, nulle atteinte aux investigations judiciaires. Des préoccupations regrettables, des excitations hostiles, des entraînements politiques ont
entravé ses projets, mis obstacle à la réalisation de
ses généreuses intentions, qu'il faudrait enfin reprendre aujourd'hui.

A propos de cette communication, M. Chauffard,
professeur, dont le nom à la Faculté de médecine
de Paris est si dignement continué par son fils,
m'a honoré de la lettre suivante :

« Monsieur le conseiller,

« Je vous remercie de la missive, si bienveil-
lante et en même temps si intéressante, que vous
avez bien voulu m'écrire.

« De telles appréciations récompensent et au delà
mes modestes efforts et m'engagent à poursuivre.

« Il y a encore bien à faire et, s'il plaît à Dieu,
j'espère continuer l'œuvre à laquelle je travaille, de-

(1) Voir *Notice biographique sur le professeur Ambroise
Tardieu*, par son reconnaissant disciple Constantin Paul, membre
de l'Académie de médecine, médecin de Lariboisière.

puis quatre ans. Ce n'est pas que tout se passe sans
récriminations.

« Vous êtes, monsieur, un esprit novateur et
vous croyez que les intérêts supérieurs de l'enseignement doivent avoir le pas sur la routine ; mais,
croyez-le, celle-ci résiste, et les intérêts particuliers
que l'on menace savent se faire entendre bruyam-
ment.

« Il n'importe, nous marchons et nous marche-
rons.

« La médecine légale, qui vous préoccupe à si
juste titre, vient enfin de faire un pas en avant, au
point de vue de l'enseignement. Les conférences
pratiquées à la Morgue fonctionnent à cette heure,
et leur succès est assuré.

« Elles sont confiées à un agrégé (1) très distingué
et surtout d'un parfait équilibre d'esprit et de jugement. Il faut attendre un grand profit de ce nouvel
enseignement. Quant à faire pénétrer *la médecine
légale, dans l'École de droit, ni vous, ni moi, ni
personne, je crois, ne réussirait.*

« Que diraient les légistes d'une telle intrusion ?
Et puis, c'est vraiment à notre faculté que la médecine légale trouve son centre naturel ; ailleurs,

---

(1) M. Paul Brouardel, aujourd'hui doyen de la faculté de médecine, qui a, dans toutes les situations, justifié les promesses
données par ses brillants débuts au collège de Saint-Quentin et
dans tout le cours de ses étude médicales.

on serait obligé de la mutiler, et son autorité en souffrirait.

« Merci, encore une fois, monsieur et cher conseiller, de vos sympathiques encouragements, je les reçois avec reconnaissance, et en vous donnant l'assurance de mes sentiments très respectueux et dévoués.

« CHAUFFARD. »

20 janvier 1878.

Mort à 60 ans, Ambroise Tardieu (1), reçu à Paris, en 1843, docteur médecin, fut consulté dans 5,238 affaires criminelles, comprenant :

Viols ou attentats à la pudeur...........	627
Pédérastie ou sodomie.................	87
Constatations de grossesses ou d'accouchements........................	20
Avortements	589
Infanticides...........................	697
Coups et blessures volontaires...........	516
Blessures et homicides involontaires......	106
Sévices et mauvais traitements..........	54
Assassinats et meurtres	404
Certificats d'infirmités..................	14
Morts subites........................	809
Empoisonnements.....................	149
Asphyxie par le charbon...............	29
Submersion	46
Folie.....	252
Identité, simulation	1,294
TOTAL	5.238

(1) Notice biographique due à la plume si compétente de son élève M. le Dr CONSTANTIN (Paul), membre de l'Académie de médecine.

Il m'a été donné de suivre les leçons, les rapports, les autopsies du professeur, dont nul n'a égalé la séduisante exposition devant la justice. J'ai entendu aussi MM. OLLIVIER (d'Angers), DEVERGIE, BAYARD, LASÈGUE, disparus trop vite, puis mon ami et regretté Paul LORAIN et enfin M. le doyen BROUARDEL.

IX

La population de la France depuis le commencement du xviiie siècle. — A l'heure où nous traçons ces lignes, le recensement quiquennal s'accomplit dans toute la France. Dès demain, les feuilles de déclarations volontaires seront retirées, par les commissaires recenseurs, qui procéderont ensuite à un second classement, par commune (à Paris, par arrondissement), après quoi, ces premiers chiffres une fois connus, les dossiers seront remis au chef-lieu de préfecture de chaque département, où se fera un nouveau travail d'ensemble qui sera transmis au ministère, par les soins duquel sera dressé le total général des chiffres provenant de cette opération.

Ce n'est donc guère que dans trois mois, c'est-à-dire vers le 15 mars, que l'on saura au juste quelle est la population actuelle de la France et que l'on pourra apprécier quelle progression croissante ou décroissante elle a suivie.

En attendant, il nous a paru intéressant de rechercher quels ont été les mouvements de la popu-

lation en France depuis le commencement du siècle
dernier.

Voici les chiffres officiels fournis par les recense-
ments successifs qui ont eu lieu depuis cette époque :

Années	Habitants	Années	Habitants
1700...	19.660.320	1836..........	35.540.940
1762..........	21.769.163	1841..........	31.230.678
1772..........	22.642.000	1846..........	35.400.686
1784	24.800.000	1851..........	35.680.170
1801..........	27.349.003	1856..........	36.039.364
1806..........	29.107.425	1861..........	37.386.164
1821.....	30.461.875	1866..........	38 067.074
1826..........	31.868.937	1872..........	36.102.221
1831........ .	32.519.223	1876..........	37.000.000

Un des nombres que nous donnons mérite tout
particulièrement de fixer l'attention : c'est celui du
recensement de l'année 1872, lequel accuse une
diminution d'environ 2 millions d'habitants. Ainsi,
tandis qu'en 1861, la population de la France s'élevait à 38,067,074 habitants, cette population n'était,
en 1872, que de 36,102,221 habitants. Cette diminution a eu pour cause, d'une part, la période de la
guerre, les événements qui la suivirent et la
perte de l'Alsace-Lorraine, période pendant laquelle,
indépendamment de l'augmentation, dans une grande
proportion, de la mortalité, on constata une diminution sensible du nombre de naissances.

Dès 1874, le mouvement de la population recommença à suivre une marche progressive, et il est à prévoir que le recensement qui a lieu aujourd'hui, donnera le nombre approximatif de 38,500,000 habitants.

Statistique du paupérisme à Paris. — Le budget de l'Assistance publique vient, par décret, d'être arrêté à la somme de 37,515,172 francs, destinée à secourir 305,000 pauvres, dont 201,000 inscrits, dans les bureaux de bienfaisance des vingt arrondissements.

Les fonds sont insuffisants, parce qu'ils sortent aujourd'hui de l'intention des donateurs et fondateurs.

. Les familles des réservistes, pendant la durée des manœuvres, reçoivent des subsides sur ces fonds, primitivement destinés aux malades et indigents seulement.

Population et misère. — L'Artois multiplie, tandis que la Normandie se dépeuple. La densité moyenne de la France est de 70 habitants par kilomètre carré, on en compte 175 par hectare dans l'arrondissement de Béthune, proportion qui dépasse de 44 l'étendue moyenne de la population des autres contrées. Cet accroissement, dans l'Artois, si la population immigrante n'y est pour rien, est un fait

volontaire, inhérent aux mœurs, aux idées, aux
croyances, qui ne nuisent, en rien, à la prospérité
des habitants, qui ont dans leurs veines et sur leurs
visages flamands du sang ardent des espagnols,
leurs conquérants au xvıᵉ siècle (H. BAUDRILLART.
Académ. des sciences morales et politiques, février
1881).

A Paris. — La population indigente est divisée
en deux catégories : la première comprend les individus traités dans les hôpitaux et hospices ; la
seconde comprend la population indigente proprement dite, secourue soit directement par l'administration, soit par les bureaux de bienfaisance. Le
dernier recensement donne pour cette dernière catégorie 1,251,058 personnes, et pour la première
472,716, ce qui fait une population en France de
près de deux millions de misères incapables de
lutter contre les ravages de la maladie et les tortures
de la faim.

D'après un mémoire présenté par M. Quentin,
directeur de l'Assistance publique, à l'appui du
budget de cette administration pour 1881, le nombre
des indigents se serait considérablement accru à
Paris et s'élèverait annuellement à 201,000. A ce
chiffre, il faut ajouter celui des malades ou infirmes
traités dans les établissements hospitaliers, ce qui
donne un nombre d'indigents évalué à 354,712.

*Il y a donc, pour Paris seulement et par an,
trois cent cinquante-cinq mille malheureux!*

Dans ce nombre ne sont pas compris les pauvres
honteux, qui sont, d'après les évaluations des phi-
lanthropes, bourgeois eux-mêmes, au moins aussi
nombreux que les pauvres avoués, soit en chiffres
ronds, six cent mille !

D'après M. Bertillon, statisticien de la préfecture
de la Seine, les diverses nations européennes se di-
viseraient ainsi, au point de vue de la natalité.

En Russsie, pour 1,000 femmes nubiles.	150	enfants
Bavière et Autriche..................	138	—
Suède...........................	121	—
Suisse	112	—
France...........................	102	—
L'accroissement annuel est en Allemagne...	14 pour 1,000	
— — Angleterre.	12	—
— — Autriche...	10	—
— — Italie......	7	—
Hongrie et Suède ...	5	—
— — Suisse.....	4	—
— — France....	3	—

M. Bradlaugh vient de jeter, dans la population de
la prolifique Angleterre, ce mot farouche : « N'écoutez
pas la parole de la Bible, qui vous dit : croissez
et multipliez. »

Les départements qui, en tenant compte de la population, présentent au point de vue de la prostitution le chiffre le plus élevé, sont le *territoire de Bel-*

fort, les départements du Var, des Bouches-du-Rhône, de la Seine, de la Gironde.

La proportion la plus faible est offerte, par les départements de la *Creuse, du Cantal, de l'Ain, de l'Aveyron* (1), *des Côtes-du-Nord.*

D'après l'éminent Dr Desprèz, médecin de l'hôpital de la Charité, la prostitution se développe dans les divers départements (2) avec la richesse individuelle.

Comme disent les graves économistes, l'offre s'élève (*moyennant argent*) toujours à la hauteur de la demande, c'est une loi, une formule immuable.

---

(1) Ce département, qui est le berceau de ma famille, originaire de Compeyre, arrondissement de Saint-Affrique, contient dans son sein, si fécond, des mines de plomb d'argent et aussi des cœurs d'or.

(2) A Paris, des mineures sont reçues, dans les maisons de tolérance, avec l'estampille, sous l'œil bienveillant de l'administration, qui avoue naïvement agir ainsi, pour attirer les nobles et riches étrangers dans la capitale.

X

Nous croyons devoir, à cause de ses savantes conclusions, développées par l'éloquent avocat Mᵉ Demange, qui a obtenu, devant les assises de la Seine, l'acquittement de son client Baffier, donner ici le rapport déposé par les experts, P. Brouardel, doyen de la Faculté et le Dʳ Motet.

ORDONNANCE

Nous, Athalin, juge d'instruction près le tribunal de première instance du département de la Seine,

Vu la procédure en information, concernant (1) le nommé Baffier (Jean-Eugène), 35 ans, détenu, inculpé d'homicide, commis, le 9 décembre courant,

---

(1) En 1882, la cour d'assises de la Seine condamnait à 20 années de travaux forcés le nommé Florion, inculpé de tentative d'assassinat sur un passant. L'accusé était venu de Reims à Paris pour y tuer Gambetta, « l'homme à l'œil de cristal », comme il disait.

Le regretté professeur Lasègue constatait que le prévenu était un pauvre ignorant, troublé, comme tant d'autres, par des lectures et des excitations révolutionnaires.

sur la personne de M. Germain Casse, à la Chambre des députés,

Prions M. le professeur Brouardel et M. le Dr Motet d'examiner, serment prêté, l'inculpé Jean Baffier, au point de vue mental.

A Paris, le 21 décembre 1886.

Signé : ATHALIN.

Nous soussignés :

P. Brouardel, professeur de médecine légale à la faculté de Paris, doyen,

A. Motet, docteur en médecine,

Commis, par la présente ordonnance, à l'effet de constater l'état mental du nommé Baffier (Jean-Eugène) ;

Après avoir prêté serment, pris connaissance du dossier, visité l'inculpé,

Avons, en notre honneur et conscience, rédigé le rapport suivant :

I

Baffier, âgé de 35 ans, est un homme d'une constitution vigoureuse, d'une taille élevée. La tête est régulièrement conformée, avec un front un peu bas ; les régions pariétales sont peu développées. La barbe et les cheveux sont noirs, épais. La physionomie est intelligente, le regard franc. La face est symétrique, sans saillie exagérée des arcades zygomatiques, sans développement anormal du maxillaire inférieur. Les oreilles, bien ourlées, sont de dimensions moyennes. Aucun stigmate d'hérédité morbide n'est relevé par nous.

Disons, pour n'y plus revenir, que Baffier est indemne de toute prédisposition héréditaire à la folie. Si loin que remontent ses souvenirs, et ils sont très précis, on ne trouve aucune tare chez ses ascendants; son père et sa mère sont vivants et bien portants. Il a un frère plus jeune que lui, dont l'état physique et mental est absolument normal.

L'acte criminel pour lequel Baffier est poursuivi est sans précédent, et contraste violemment avec un passé des plus honnêtes, des plus laborieux, où les difficultés de l'existence, la lutte pour la vie, ont été courageusement supportées. Il resterait inexplicable, si Baffier, dans un examen auquel il s'est prêté volontiers, ne nous avait pas fait lui-même sa biographie ; nous avons pu ainsi le suivre, presque dès son enfance, à travers sa jeunesse, sa maturité, et nous nous sommes ainsi rendu compte des dispositions d'un esprit singulier peut-être par certains côtés, mais d'une espèce qui n'est ni commune, ni vulgaire.

Les études de ce genre conduisent, d'ordinaire, à la recherche et à la détermination de troubles physiques et intellectuels. L'acte incriminé, par les conditions étranges dans lesquelles il s'est produit, suppose, le plus souvent, la maladie, la folie ; qu'il s'agisse d'états transitoires ou d'états durables, il est possible de démontrer l'impulsion pathologique et de ramener le fait à des proportions vraies. Ici, les conditions sont tout autres : il n'y a pas d'état pathologique, et nous avons à faire l'analyse médico-psychologique d'un caractère, à suivre une curieuse évolution, chez un homme égaré, dans un milieu où rien ne l'avait suffisamment préparé à vivre.

Baffier est né à Neuvy, dans le département du Cher. Fils de petits cultivateurs, il a, comme son père, travaillé la terre aussitôt qu'il a pu manier un outil.

Il semble que dans cette famille, très honnête, très estimée, la vie ait eu quelque chose de patriarcal ; que le père, chef respecté, ait exercé une autorité indiscutée, mais tempérée par une grande simplicité de cœur. Il causait volontiers, en homme dont l'horizon n'a jamais été bien vaste, mais pour lequel l'observation des choses de la nature n'a été, pour cela, ni moins fine, ni moins pénétrante ; et Baffier a gardé le souvenir vivace de ces comparaisons toujours justes, de ces aphorismes naïfs parfois, qui résumaient leurs entretiens.

La mère était une femme simple et douce, aimant tendrement son fils. Baffier a pour elle une affection, une vénération profondes; il en parle avec une délicatesse de sentiments exquise.

Dans ce milieu on se souvenait d'un passé qui avait été meilleur que le présent: sans être riches, les grands-parents avaient été plus heureux; et dans la jeune tête de Baffier l'idée était venue de relever la fortune de la famille. Quand il eut seize ans, il annonça qu'il voulait aller à Paris, y travailler; il avait l'espoir d'y gagner sa vie et de rendre plus douce celle de ses vieux parents. Il rencontra une résistance assez vive de la part de son père; il ne céda pas et, à dix-sept ans, il arrivait à Paris, chez un de ses cousins, qui le fit entrer chez un tailleur de pierres.

Baffier se mit au travail avec un courage, un entrain qui ne se démentirent pas un jour. Tous ceux qui l'ont connu à cette époque, le représentent comme un jeune homme calme, laborieux, vivant de la manière la plus simple, et n'ayant alors d'autre ambition que celle de devenir un ouvrier habile.

Le hasard le conduisit à Nevers. Des travaux de restauration de la cathédrale avaient été entrepris; il fut embauché comme tailleur de pierres. Il se fit remarquer par des artistes, qui l'engagèrent à revenir à Paris. Quelque temps après son retour, il entrait comme metteur au point dans l'atelier de sculpture de M. Boutemar. C'était la réalisation d'un rêve longtemps caressé. Baffier gagnait un peu d'argent, et ses aspirations d'artiste étaient enfin satisfaites.

Il voulut produire à son tour une œuvre qui tra-
duisît ce qu'il avait dans l'âme ; et, sentant bien ce
qui lui manquait, il voulut aussi s'instruire. Il se
mit à lire, et ses lectures furent au-dessus non pas
de son intelligence, mais de ses forces d'assimilation.
Il digéra mal, et, déjà rêveur par nature, il accepta
sans discussion, sans contrôle, ce qu'il crut comprendre. Dans cet homme « tout neuf », comme on
l'a appelé, des impressions nouvelles se succédèrent
sans ordre, elles se greffèrent sur les souvenirs de
l'enfance ; des visions d'un ordre de choses différent
de celui que le présent apportait, se dégagèrent confusément. Baffier faisait à son insu un retour en
arrière ; l'esprit arrêté, fixé sur des types qu'il
appréciait isolés, il n'en voulut ou plutôt il n'en put
saisir que ce qui répondait à ses propres sentiments.
Et, comme les deux plus profonds étaient, chez lui,
l'amour de la famille et celui du sol natal, tout ce
qui, sous une forme ou sous une autre, les représentait le mieux fut accepté par lui sans discussion.
En artiste, il isola ces types et, par un travail mental
des plus soutenus, il en arriva à « objectiver »
puissamment ses idées, à prendre de l'art moderne
une conception toute différente de celle de son entourage. Il voulut un art national, n'empruntant rien
aux traditions de l'École; il se rejetait volontairement
dans le passé, parce qu'il y trouvait ce dont il avait

le souvenir, « la nature si simple et pourtant si grande, au milieu de laquelle il avait été élevé », et, par une sorte de retour atavique, « les grands caractères de la race Gauloise, à laquelle il est fier d'appartenir, dont il sent en lui les mâles qualités ».

Profondément honnête, répudiant tout ce qui n'est pas franc, tout ce qui n'est pas sincère, Baffier ne transige pas avec des principes auxquels il s'est toujours soumis. « J'ai eu froid, j'ai eu faim ; dit-il, mais j'avais, pour me soutenir, la volonté : ce que je veux, je le veux énergiquement et je le fais. »

C'est ainsi qu'au milieu de difficultés qui eussent fait reculer tout autre que lui, Baffier modela une statue de Marat, une statue de Louis XI, une statue de Jacques Bonhomme, le buste de sa mère.

Rien de plus intéressant que de le suivre dans l'exécution de ces diverses œuvres et d'entendre le jugement qu'il en porte. Son Marat, qu'il avait beaucoup étudié, lui coûta des peines infinies ; il hésitait à le présenter au salon, ne trouvant pas que l'exécution répondit à sa pensée ; il s'attendait à être refusé. « Quand je le vis dehors, nous dit-il, je me rassurai. Il y avait des faiblesses que je reconnaissais ; mais malgré tout, ça y était. J'ai eu plus de succès que je ne l'espérais. Je me suis dit : maintenant je peux oser. Louis XI m'était apparu dans mes lectures comme le fondateur de l'unité française ; j'admirais son esprit politique, sa finesse, ses grandes

idées; ses luttes avec les grands seigneurs me pas-
sionnaient. J'ai voulu mettre dans sa physionomie
tout ce que je sentais qu'elle devait exprimer : je
n'ai pas complètement réussi. La figure, les mains,
étaient très travaillées, très fouillées ; mais il y avait des
faiblesses. J'ai été très discuté ; ç'a été un insuccès.
Mon Jacques Bonhomme devait être la personnifica-
tion du travailleur obscur, quelque chose comme
l'Hercule moderne ; mais ma pensée est restée dans
la pâte, c'est mou, cela ne vibre pas. Il y a bien
quelque chose, mais ce n'est pas cela : mes mains
n'ont pas rendu tout ce que je sentais ; je n'étais pas
content. L'art pour moi est un sacerdoce ; je ne
comprends pas les habiletés ; la matière doit être
transformée par la pensée de l'artiste. J'ai eu des
désillusions terribles en entrant dans les ateliers. Je
me figurais qu'on devait travailler comme le faisait
Michel-Ange, comme le faisaient les anciens. Au
lieu de cela, je trouvais de l'habileté de main, du
savoir-faire, mais peu de fond. Je me disais : Il faut
pourtant sortir de là ; il faut reprendre nos traditions
d'art national, l'art gaulois, celui qui est sorti des
entrailles mêmes du sol de la patrie ; il y a assez
longtemps que nous cherchons nos modèles dans
l'art exotique de la Grèce..... Et je ne rencontrais
que des obstacles..... J'ai mieux réussi le buste de
ma mère : c'était vivant: on retrouvait la vieille
Gauloise. J'en ai été content ; il a eu du succès. »

Mais l'œuvre qui a eu sur les événements actuels la plus grande part d'influence, c'est la préparation de la statue de Saint-Just. Baffier a fait pour lui ce qu'il avait fait pour Louis XI, pour Marat : il s'est mis à lire tout ce qui pouvait l'aider à connaître l'homme dont il voulait faire revivre l'image ; il s'est identifié avec son personnage, et, non content d'en arrêter les formes extérieures, il a cherché à s'inspirer de sa pensée ; il a vécu de lui et avec lui pendant de longues heures ; il a pris de son sujet une conception tellement intense, qu'il est devenu, sans se rendre compte de ce qui se passait dans ce travail d'assimilation, un admirateur sincère, convaincu, de Saint-Just. Par la plus étrange des contradictions, le naturel plutôt doux que violent de Baffier s'est transformé : il a trouvé le caractère de Saint-Just « logique, honnête », et, retenant une phrase qui est devenue comme son credo politique, il a répété cette phrase, elle s'est gravée profondément dans son esprit, et un jour il a dit comme Saint-Just : « Il faut tuer ceux qui gouvernent mal. »

On ne comprendrait pas comment Baffier, tout épris de son art, a pu passer de l'idée à l'acte, si l'on ne savait qu'il s'est trouvé lancé dans la vie politique, et qu'il a eu à jouer un rôle actif dans un comité organisé en vue des élections à Paris pour la Chambre des députés. Là encore, nous dit-il, il ne trouva que des désillusions ; elles furent du même ordre que ses désillusions d'artiste. Il ne rencontrait personne à sa taille ; ses préoccupations honnêtes faisaient sourire. « On me trouvait naïf, et si j'ai vaincu mes répugnances, ce fut par respect pour la discipline de parti. Je fis ce qui avait été convenu ; mais je m'adressai plus d'une fois le reproche d'avoir oublié la responsabilité qui pesait sur moi. La première fois que j'ai voté, ce fut en tremblant. J'ai toujours pensé de même : qu'il ne fallait donner le pouvoir qu'à ceux qui méritaient de l'exercer ; et quand j'ai vu que tout croulait autour de moi, que le relâchement était partout, je me suis senti coupable. Je me suis dit que j'étais responsable ; que je devais chercher à faire faire à mon pays l'économie d'une révolution. Je ne suis qu'un homme ayant le sentiment de son devoir, faisant le sacrifice de sa tête, si ce sacrifice peut être utile à mon pays. Les rouages vont mal, ils broient nos forces : j'ai jeté ma tête dans les rouages pour les arrêter un moment. Je préfère la mort à la perte de mon estime. »

Par un côté Baffier nous a paru inférieur à lui-même : sa brochure *le Réveil de la Gaule* est une œuvre déclamatoire où les inégalités du style tiennent à des causes multiples. On y sent un effort pour se maintenir dans un ton qui n'est pas naturel ; on y trouve des réminiscences d'auteurs mal compris, et nous ne sommes pas bien sûrs que Baffier se rende un compte exact de l'influence qu'il attribue à Rabelais, dont il croit s'être inspiré. Les crudités voulues, les exagérations du langage servent mal sa pensée, et nous aurions le droit d'être sévères pour cet écrit, si nous n'y avions pas rencontré des pages où les sentiments d'un patriotisme élevé, d'un amour filial touchant, rachètent un peu les déclamations. Cette brochure est une erreur d'un homme qui s'est bien souvent trompé lui-même et qui, dans cette voie, pourrait bien ne s'être pas engagé tout seul.

II

Baffier est, sans le savoir, le disciple d'une école nouvelle pour laquelle tout droit, toute morale, sont subordonnés à la science sociale. Mais la science sociale, il ne la connaît que par une sorte d'intuition, et pour lui le droit et le devoir sont fondés sur le respect d'un contrat librement consenti au sein d'une collectivité d'individus. De ces notions, confusément entrevues, découle pour lui le principe d'autorité. De là à la contrainte il n'y a qu'un pas, et Baffier l'a franchi en stoïcien qui a traduit en action cette formule : « Il n'y a que notre volonté qui dépende de nous, et le reste ne vaut pas la peine qu'on s'en soucie. » Cela est si vrai, que, lorsqu'il s'est agi de déterminer avec une vigoureuse précision les conditions de son état mental au moment où il a décidé qu'il frapperait la victime choisie par lui, nous n'avons eu qu'à l'écouter, à écrire sous sa dictée, pour reconnaître avec quelle logique il avait accompli un acte prémédité, voulu.

Nous lui avons posé la question suivante :

— Étiez-vous libre de ne pas faire l'acte que vous avez accompli ? Ou bien avez-vous été poussé par une force à laquelle vous n'avez pas pu résister ?

— J'ai obéi aux engagements que j'avais pris avec moi-même. Je suis citoyen ou je ne le suis pas. Le jour où j'ai voté avec mûre réflexion, j'ai senti que ma responsabilité était engagée ; et comme rien n'a répondu à ce que j'espérais, je me suis dit qu'un acte de justice était nécessaire. Alors je n'avais pas encore prévu quel serait cet acte.

Il y a longtemps que je m'indigne de ce qui se passe ; je vois tout crouler autour de moi. Quand je suis allé là-bas au pays, je me suis rendu compte que même dans les campagnes tout se désagrège, tout s'en va. Jusqu'à nos vieilles chansons, nos vieux airs nationaux, on ne les chante plus. J'ai voulu résister. Un jour que les jeunes gens et les jeunes filles dansaient au son d'une musique allemande, je leur ai dit : « Comment ! les gars, vous dansez avec cela ! Il n'y a donc plus de musette ici ? » Et me

voilà parti à la recherche d'un joueur de musette.
J'en trouve un, je le ramène, je l'installe, et voilà
les danses qui recommencent et les gars de dire :
« Tu as raison, Baffier : c'est bien plus joli ! » Partout
c'est la même chose. Je ne vois personne de responsable : le président s'abrite derrière ses ministres, les ministres derrière les Chambres, et derrière
tout cela il y a moi, Baffier, l'électeur, qui suis responsable de mon vote. Donc il fallait qu'un exemple
fût donné. Je me mettais en face de ma conscience,
c'était elle qui me parlait. Il y avait en moi un être
qui luttait, qui ne voulait pas marcher ; mais ma
conscience, plus forte, me disait : « Il faut que cela
soit ; sinon, tu es un lâche ! » Chose curieuse, j'ai
des timidités étranges ; je ne suis peut-être pas brave,
mais j'ai une volonté puissante. C'est ma volonté
qui m'a fait agir.

Et puis je réfléchissais, je me souvenais de cette
phrase de Saint-Just : « Il faut tuer ceux qui gouvernent mal. » Je la rapprochais de ce que me disait
mon vieux père, quand nous causions, en nous pro-
menant, de tout ce qui se passait, de ce qui m'é-
cœurait. Un jour il me montrait une chenille et me
disait : « Tiens, garçon, tu vois bien cette chenille :
ça a l'air honnête, ça n'a pas l'air méchant et ça
mange les choux. » Et il l'écrasa sous son sabot. Il
y a des hommes qui font le même mal que les che-
nilles : il faut les écraser comme elles. Quand les

poux se mettent sur le bœuf, il faut tuer les poux
pour sauver le bœuf. Est-ce que Louis XI, est-ce que
Richelieu, est-ce que Marat ont hésité, quand il
s'agissait du bien de la patrie ?

— Vous avez dû lutter contre l'idée de frapper un
homme ? Vous avez dû discuter avec vous-même les
motifs qui auraient dû vous arrêter ?

— J'ai assez longuement envisagé l'acte pour me
déterminer à bon escient.

— Avez-vous jugé cet acte blâmable ?

— Depuis que je suis en prison, j'ai eu le temps
d'y penser ; je l'ai retourné en tous sens. Je suis
coupable vis-à-vis de la loi ; mais pour l'acte en lui-
même, je le jugeais nécessaire.

— Quelles conséquences entrevoyiez-vous ?

— C'est un coup de dard dans le parlementarisme,
qui dévore tout, flétrit tout, et qui, avec le journa-
lisme, est notre plaie. J'aurais souhaité faire plus et
mieux.

— Avez-vous jamais cherché à faire des pro-
sélytes ?

— Non. J'ai agi seul, sans jamais parler à personne de ce que je me proposais de faire. J'ai pensé
que je pouvais forcer à réfléchir, faire revenir à
l'idée de justice qu'on oublie trop. Dans tous les
partis il y a des hommes de cœur qui me com-
prendront. En dehors des partis il y a des forces
neuves qu'il faut diriger ; si on en pouvait faire sortir

quelque chose de grand, ayant ses racines dans le
sol de la vieille patrie gauloise, j'aurais rempli ma
tâche. Je reviens toujours là-dessus ; c'est la base de
mes opinions artistiques. Je ne peux pas séparer
mes idées artistiques de mes idées sociales : elles
me viennent de mon amour pour la patrie !

— Au moment où vous êtes arrivé à la Chambre
des députés, dans quel état d'esprit étiez-vous ?

— J'étais très calme, très froid. Le matin j'étais
allé à la campagne où je croyais rencontrer M. G.-C.;
je suis revenu à Paris, j'ai déjeuné modestement, et
je suis venu à la Chambre des députés très maître
de moi.

— Recommenceriez-vous ce que vous avez fait ?

— On ne recommence pas ces choses-là.

Et comme nous insistions sur l'absence de mobiles
sérieux, sur l'impossibilité d'obtenir par de telles
violences les réformes rêvées par lui, Baffier nous
répondit :

« Que voulez-vous ? C'est fait, c'est fait. Je me
suis peut-être laissé trop attirer par les envolées
philosophiques. En agissant comme je l'ai fait, j'ai
pensé qu'on serait obligé de réfléchir à ce qui nous
désagrège. J'ai des idées qui me sont chères ; je ne
peux pas bien les développer : la base me manque ;
mais j'en ai gros sur le cœur !... Quand il n'y a qu'à
se baisser dans notre pays pour trouver de quoi
stimuler les artistes, relever l'art, je vois donner à

l'Ecole des sujets ridicules : Claude ou Tobie avec le poisson !!... »

III

Baffier n'est pas plus un aliéné qu'un criminel vulgaire : il n'a pas plus de délire que de caractères anthropologiques du type criminel.

C'est un criminel d'aventure, égaré par la passion politique, et auquel on ne peut faire le reproche d'avoir cherché à se hausser sur un piédestal. Chez lui, pas de préoccupations égoïstes ; tout au contraire, des sentiments altruistes très développés. Nulle exagération dans son attitude vis-à-vis de nous. Nul souci de présenter une atténuation de sa conduite ; la conviction, que nous avons le droit de croire sincère, de l'utilité d'un acte dont les conséquences sont acceptées. En un mot, une fermeté de caractère qui ne s'est pas démentie.

Tout ce que nous avons dit de lui, après une longue et sévère étude, nous permet de mettre en relief l'influence de causes sociales sur des déterminations qui n'en restent pas moins coupables, avec cette nuance que l'homme qui a été soumis à notre examen, en raison même des conditions, dans lesquelles il a vécu, s'est développé, du milieu dans lequel ses idées se sont formées, n'ayant pas pour contrepoids une éducation, une instruction premières suffisantes, n'appartient pas à un type normal.

Nous n'avons pas le droit d'aller plus loin qu'il ne va lui-même, lorsqu'il se reconnaît coupable devant la loi, mais nous avons le devoir de signaler les imperfections de son développement intellectuel et d'affirmer qu'il y a lieu d'en tenir compte, dans l'appréciation de sa responsabilité, au point de vue pénal.

Paris, 5 février 1887.

BROUARDEL MOTET.

XI

Le système graphique appliqué à la reproduction des malfaiteurs n'est pas nouveau (1), *nil sub sole novi !*

Vers le IVe siècle, le gouverneur d'une province de la Chine faisant exécuter 40 assassins de femmes et d'enfants, convia des artistes pour mesurer et dessiner les organes de ces criminels pendant que les médecins dirigeaient le fer du bourreau.

L'assassin Pranzini (2) présente :

Taille, 1^m,60.

Bras étendus, envergure 1^m,70.

---

(1) Alphonse BERTILLON, *l'Anthropologie appliquée aux individus arrêtés.*

Avec le casier judiciaire, les sommiers de la préfecture de police et les fiches de mesurage on tient toute l'humanité.

(2) Le pourvoi en cassation a été, le 11 août 1887, rejeté après le rapport de M. le conseiller Tanon, sur les réquisitions conformes de M. l'avocat général Loubers.

Me Boivin-Champeaux, avocat du condamné, avait présenté divers moyens qui n'ont pas paru pouvoir être accueillis (Défaut de publicité de l'audience, où l'on pénétrait seulement avec des cartes; absence non constatée d'un témoin, dont la déposition avait été lue; défaut de prestation de serment de la part de jurés suppléants).

Longueur de la tête, 127 millimètres.

Largeur de la tête, 192 millimètres.

Longueur du pied, 248 millimètres.

Longueur du doigt médius, 109 millimètres.

Couleur de l'œil, chatain verdâtre.

Se ronge les ongles.

1887. — Aux termes d'un décret du 26 mars, il est institué au ministère de la justice une commission chargée de préparer la revision de la législation pénale (1).

Cette commission se compose de :

M. le garde des sceaux, ministre de la justice, président.

M. G. Humbert, sénateur, ancien garde des sceaux, vice-président.

M. Ribot, député, vice-président.

MM. Mazeau, sénateur ; Merlin, sénateur.

MM. Bovier-Lapierre, député ; Brousse, député ; Maunoury, député.

M. Laferrière, vice-président du conseil d'État.

---

(1) Il a été aussi institué une commission pour reviser le Code Napoléon, le Code de procédure civile, le Code pénal, le Code d'instruction criminelle, le Code de procédure civile.

Ce sont des entreprises jetées sur le papier, mais qui, heureusement, par l'ignorance des législateurs improvisés et par suite impuissants, ne sauraient aboutir.

M. Chauffour, conseiller d'État.

M. Dislère, conseiller d'État, président de la commission de classement des récidivistes.

M. Ronjat, procureur général près la cour de cassation.

M. de Larouverade, conseiller à la cour de cassation.

M. Tanon, conseiller à la cour de cassation.

M. Bouchez, procureur général près la cour d'appel de Paris.

M. Bernard, procureur de la République près le tribunal de la Seine.

M. Franck, membre de l'Institut, professeur au Collège de France.

M. Léveillé, professeur à la Faculté de droit de Paris.

M. Molinier, professeur honoraire à la Faculté de Toulouse (décédé).

M. Herbette, conseiller d'État, directeur de l'administration pénitentiaire, représentant du ministère de l'intérieur.

M. Filassier, président du tribunal supérieur de Cayenne, représentant du ministère de la marine.

M. Jacquin, conseiller d'État, directeur des affaires criminelles et des grâces au ministère de la justice.

Rempliront, auprès de la commission, les fonctions de secrétaires :

M. Blondot, auditeur au conseil d'État.

M. Bomboy, substitut du procureur de la République près le tribunal de Versailles.

M. Malécot, chef du bureau des affaires criminelles au ministère de la justice.

.

XIII

Le Glaneur, journal fondé par les aliénés de Charenton (1865).

Le monde en théâtres (1) abonde,
Où chacun prend ses acteurs,
Et la comédie, au grand monde,
Ne manque pas de spectateurs.
C'est pourquoi Charenton, pour imiter la ville,
S'est dit : qu'il lui fallait un théâtre monté.
Sitôt dit, sitôt fait ! Le théâtre, en famille,
Fût bâti, machiné, démonté, remonté;
Au jour de sa naissance, il acquit de la vogue,
A Charenton.
Mais la mode exigeait, de rigueur,
Un prologue :
C'est de bon ton.
Nous avons eu l'idée, hardie et saugrenue,
De l'adopter,
Et nous vous accablons de rime biscornue,
Sans répéter !

(1) Omnis mundus histrioniam agit.

Devant la façade de l'*Hostellerie du Chat noir*, rue Laval, n° 12, on lit, sur une plaque noire, l'inscription suivante, en lettres d'or (1) :

> Passant, arrête-toi,
> Cet édifice, par la volonté du Destin,
> Sous le protectorat de M. Jules Grévy, Freycinet
> Et Allain-Targé, étant Archontes, Floquet,
> Tétrarque, A. Gragnon, chef des Archers,
> Fut consacré aux Muses et à la Joie,
> Sous les auspices du *Chat noir*.
> Passant, sois Moderne.

(1) Les événements accomplis ont fait de cette inscription, récente pourtant, une légende bonne à conserver pour *l'Histoire de Paris* (1888).

XV

Nicolas Loste, secrétaire de Villeroy, ayant livré des secrets d'État au roi d'Espagne et s'étant noyé dans la Marne fut condamné à être placé sur la claie. Le cadavre devait être, en la place de Grève, tiré à quatre chevaux, et mis sur quatre roues aux principales avenues de la ville de Paris (1).

(1) Victor Cayet, Chronologie de 1598 à 1605. Ordonnance de 1670. — Guyot, Répertoire (1784). Archives de la préfecture de police: Écroux du Grand-Châtelet, de la Conciergerie, de Saint-Martin, de Saint-Éloi, de la Tournelle, de Bicêtre, de la Tour Saint-Bernard. — Bordier, Archives de France. Didier, éditeur à Paris. — Registres de la morgue de Paris (1787).

XVI

Le 24 juillet 1487, sur la requeste baillée à la cour par maître Georges d'Amboise, évesque de Montauban, détenu, pour conspiration, en la Grosse tour de Corbeil, par laquelle il requéroit estre amené en cette ville de Paris, et en lieu où il pût avoir médecins, pour estre pansé de certaines maladies qu'il dit lui estre venues.

Veu par la cour ladite requeste, le rapport de MM. René Hènegrand et Michel de Creil, docteurs en médecine, qui, par ordonnance de la cour, se sont transportés à Corbeil, en la personne de deux conseillers d'icelle cour à ce commis, ont vu et visité ledit évesque et la chambre en laquelle il est détenu, et, par lequel rapport, iceux docteurs ont déclaré les maladies survenues audit évesque et affirmé qu'il est en danger de mort, s'il n'est mis hors de ladite tour en plus grand air, et pansé par médecins convenables.

La cour ordonne que ledit évesque sera mis hors ladite tour et conduit en autre chambre du château, dûment close, fermée de treillis de fer, en laquelle il sera gardé par le capitaine à ce commis, et illec pansé par médecins convenables, pour sa santé, nonobstant opposition ou appellation.

(*Bibl. nationale de Paris*. Cinq cents de Colbert.)

Le serment chinois, épisode de la vie judiciaire, aux États-Unis.

La scène se passe devant la cour de police de Tombo :

« Il s'agissait de déférer le serment à un Chinois de Brooklyn, Tom Ah Jo, plus connu sous le sobriquet de « docteur Thom » et poursuivi pour escroquerie.

« L'avocat de l'accusé, Mᵉ Mitchell, demandait que son client prêtât serment selon les formes usitées en Chine, c'est-à-dire par la lecture de la formule, puis en faisant brûler une petite bougie et, enfin, en jurant sur le sang d'un poulet décapité sur place. D'ailleurs tout était prêt pour procéder à cette cérémonie étrange : un policeman, attaché à la cour, tenait le poulet à la main et avait beaucoup de peine à l'empêcher de se sauver et surtout de crier.

« — Est-il question de tonnerre dans la formule ? demande l'avocat de la partie adverse, M. Kinsley.

« — Non, répond l'interprète.

« — Alors, reprend M. Kinsley, je m'oppose à cette forme de serment, car je sais qu'il est question du tonnerre dans le serment chinois.

« — Qu'on tue le poulet, clame l'avocat de l'accusé.

« — Pas du tout, interrompt le juge O'Reilly ; je ne veux pas me montrer cruel envers les animaux.

« — Mais il n'y a rien de cruel à cela, déclare M. Mitchell en s'adressant au juge, et je vous affirme que le poulet sera mangé ensuite. »

Mais le juge O'Reilly n'a pas voulu céder : le poulet a eu la vie sauve, et le Chinois a dû jurer sur la Bible, tandis que son avocat prenait des conclusions exceptionnelles.

XVIII

Le peuple, qui se tue par l'alcool, a remplacé le peuple qui s'amusait au cabaret, en causant et en chantant, avant et après boire.

En 1830, la consommation était de 1 litre 12 centilitres d'alcool par tête.

En 1885, 3 litres 85 centilitres par tête (plus de 12 litres par homme adulte).

Dans sept départements, elle va de 7 litres à 13, ce qui fait supposer qu'un homme adulte consomme, par an, de 40 à 50 litres d'alcool.

Au total, 2,600,000,000 sur le budget de la main-d'œuvre.

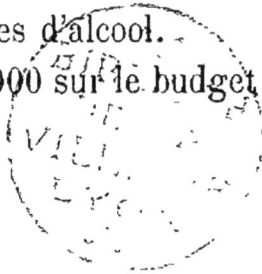

TABLE DES MATIÈRES

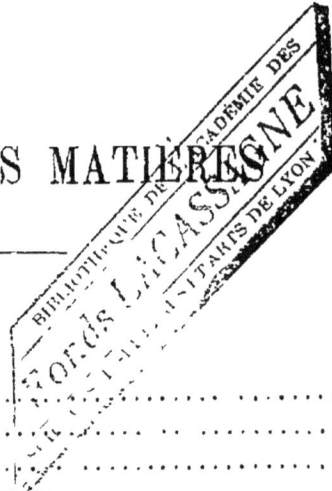

TABLE ANALYTIQUE DES CHAPITRES

TABLE DES PIÈCES JUSTIFICATIVES

Paris. — Imp. PAUL DUPONT, 24, rue du Bouloi (Cl.) 105.2.88